제러미 벤담 아저씨네 야생동물 구조센터

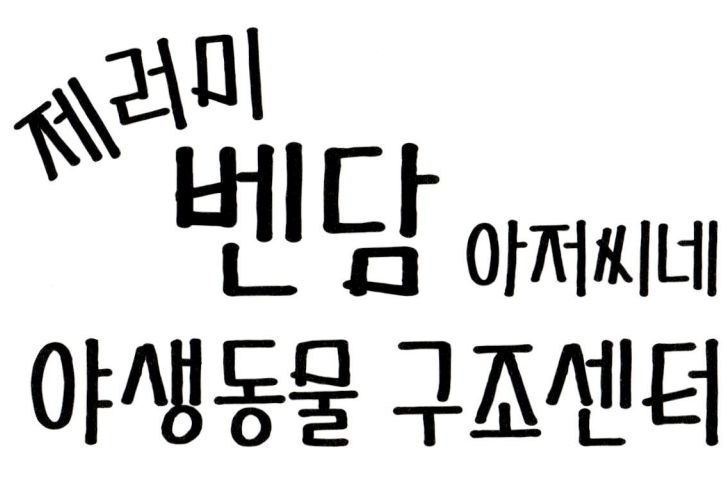

제러미 벤담 아저씨네 야생동물 구조센터

전현정 글 | 홍성지 그림 | 서정욱 도움글

주니어 김영사

★ 작가의 말 ★

헌법의 감시자가 되자

 마트에서 산 물건 하나 때문에 나와 내 가족이 심각한 병에 걸리거나 목숨을 잃는 일이 일어날 확률은 얼마나 될까요? 이미 검증을 받은 것들이라 그럴 가능성이 없다고요? 과연 그럴까요? 십여 년 전, 믿을 수 없는 일이 우리나라에서 일어났어요. 바로 가습기 살균제 사건이에요.
 이 사건은 가습기 살균제 속에 들어 있던 독성 물질이 폐질환을 일으켜 6000명의 피해자와 1500명이 넘는 사망자를 낳은 비극적인 사건이에요. 내 아기에게 내 가족에게 조금 더 깨끗한 환경을 만들어 주려고 사람들은 매일 가습기에 살균제를 넣었어요. 몇 년 뒤 전국적으로 원인 모를 폐질환 환자가 급격하게 늘어나고, 그 원인이 가습기 살균제라는 사실이 밝혀졌을 땐 이미 많은 사람이 세상을 떠나고 난 뒤였어요. 가족을 위해 사용한 살균제가 독이라는 것을 알게 된 사람들은 매일 밤 통곡했어요.

그 이후로 피해자들은 억울함을 호소하고, 보상을 요구했지만 살균제를 만든 기업도, 판매한 업체도, 안전성을 제대로 검증하지 않은 과학자도 법을 어기지 않았다며 모두 책임을 회피했어요. 책임은커녕 피해자들에게 제대로 된 사과조차 하지 않았어요.

국민의 생명을 보호하는 헌법 정신에 위배된다는 여론이 형성되면서 책임을 회피하던 기업은 일부 잘못을 인정했지만 법 규정에 묶여 병을 앓고도 보상을 받지 못하는 피해자는 여전히 많아요. 당시 저도 막 태어난 제 딸을 위해 가습기 살균제를 썼어요. 다행히 쓰던 가습기가 고장 나서 더 이상 살균제를 쓰진 않았지만 지금 생각해도 아찔한 순간이에요.

며칠 전 가습기 살균제 피해자 특별법이 국회를 통과했어요. 이번에 통과된 법으로 그동안 치료비가 없어 제대로 치료조차 받지 못하던 피해자들이 보상을 받을 기회를 갖게 된 것이지요. 법이 국민을 위해 제대로 작동하고 있는지 감시하는 법이 헌법이에요. 법이 잘못되었다면 헌법은 법을 수정하라고 명령할 수 있어요. 누구나 억울함이 없는 정의로운 사회를 만들기 위해선 헌법 또한 사라지거나 수정될 수 있어요. 그리고 헌법이 국민을 위해 존재하는지 감시하는 것은 우리의 몫이에요.

전현정

· 차례 ·

작가의 말 · 4

수상한 야생동물 구조센터 · 8
헌법은 법의 판결 기준이 되는
으뜸 법이다

이건 내가 아니라 너희를 위한 거야 · 26
헌법은 권력자의 권한을 제한하기 위해
탄생했다

우리 동아리에는 왕이 살아요 · 44
헌법은 자유의 수호자다

누구나 괴물이 될 수 있다 · 58
헌법은 형식적인 법이 아니라 정의를
실현하는 법이다

희정이 가족의 눈물 · 74
헌법은 누구에게나 공평하게
적용되어야 한다

동아리의 왕, 일꾼으로 다시 태어나다 · 86
헌법은 미래 세대를 위한 기본권을 보장한다

이모의 웨딩 사진 · 106
헌법은 인간의 행복을 위해
살아 움직이는 법이다

희정이의 선물 · 118
우리의 모든 일상 속에 헌법 정신이 담겨 있다

최대 다수의 최대 행복을 꿈꾸던 법학자 제러미 벤담 · 130
독후활동지 · 142

수상한 야생동물 구조센터
헌법은 법의 판결 기준이 되는 으뜸 법이다

영재 교육원 발명 교실, 배드민턴, 영어, 수학, 과학 학원 수업까지 끝내고 집으로 돌아오는 길에 우람이는 손가락 하나 까딱할 힘조차 없었다. 아파트 현관을 막 들어서려는데 어디선가 고양이 소리가 났다.

"아리야, 아리니?"

아파트 벽과 담장 사이에 어미 고양이와 새끼 고양이 한 마리가 웅크리고 있었다. 엄마 고양이는 온통 하얀 몸에 얼굴 반만 까만색이고, 새끼 고양이는 온통 까만데 배만 흰색이었다. 우람이가 다가가자 고양이들은 순식간에 화단 뒤로 숨어 버렸다.

한 달 전까지만 해도 우람이 집엔 아리라는 이름의 고양이가 있었다. 유난히 우람이를 잘 따랐던 아리는 엄마가 청소를 한다고 문을 열어 놓은 사이에 어디론가 사라져 버렸다. 그 뒤로 우람이는 고양이 소리만 나면 혹시 아리가 아닐까 하고 따라가는 버릇이 생겼다.

현관에 들어서자마자 가방도 벗지 않고 거실에 드러눕는 우람이에게 엄마는 또 반갑지 않은 소식을 전했다.

"다음 주 금요일부터 논술 과외 시작하기로 했어."

"무슨 또 과외야? 방학인데 좀 쉬면 안 돼? 그리고 금요일은 동아리 모임 있어."

"지금 동아리가 문제야? 이 수업 받으려고 얼마나 오래 기다린 줄 알아?"

공부에 관해서라면 엄마 말이 곧 법이라는 것을 아는 우람이는 한숨을 내쉬었다.

우람이 학교엔 학생 스스로 동아리를 만들어서 활동하는 자치 동아리 프로그램이 있었다. 우람이가 만든 봉사 동아리에선 매주 복지관 장애인 친구들과 함께 공연 관람도 하고, 도서관에서 책 읽기 봉사도 하고 독거노인에게 도시락을 배달하기도 했다. 회장인 우람이가 나서서 열심히 활동한 덕분에 동아리 회원은 점점 늘어났고, 모범 동아리로 뽑혀 상을 받기도 했다. 하지만 담당 동아리 선생님이 전근을 가고 우람이의 학원 스케줄이 늘어나기 시작하면서 동아리 일정은 변덕스러운 여름 날씨만큼이나 자주 바뀌었다. 동아리 활동도 점점 시들해졌다.

'이번엔 또 무슨 핑계를 대지?'

과외 수업 때문에 동아리 모임 날짜를 바꾸려니 우람이는 머리가 복잡했다. 다른 아이들은 대충 넘어가 줄 것 같았지만 딱 한 명이 마음에 걸렸다. 박지수.

지난번 영어 학원 때문에 스케줄을 바꿀 때도 지수만 혼자 꼬치꼬치 캐물으며 우람이를 곤란하게 만들었다.

사실 지수와 우람이는 유치원 때부터 줄곧 단짝이었는데 지난여름 캠핑 때 크게 다투고 난 뒤부터 멀어졌다. 그 이후로 동아리 모임 때마다 사사건건 부딪혔다. 다행히 오늘 모임엔 지수가 보이지 않았다. 우람이는 지수가 오기 전에 얼른 모임 날짜를 바꿔 버리겠다는 계산으로 아이들을 재촉했다.

"안 되는 사람 아무도 없는 거지?"

아이들은 서로 눈치를 봤다.

"그럼 수요일에 하기로 찬성한 거다."

우람이가 서둘러 교실을 나가려는 순간 문을 열고 지수가 들어왔다.

"나는 반대야. 그날은 교회에서 연극 연습이 있어서 안 돼."

지수가 새침하게 말했다.

"이미 얘기 다 끝났어. 그러게 누가 늦게 오래?"

우람이가 딱 잘라 말했다.

"내가 지각한 건 맞지만 그렇다고 회장 마음대로 동아리 스케줄을 정하는 건 불공평해."

"내 마음대로 정한 게 아니라 회의에서 만장일치로 결정이 난 거야."

"어쨌든 나는 그날은 안 돼. 원래 하려던 날짜에 하자."

"너 하나 때문에 동아리 회원 전체가 정한 일정을 또 바꾼다는 건 말이 안 돼. 교회 모임은 개인의 종교 생활이니까 하루쯤 빠져도 되잖아. 그리고 누가 봐도 종교 생활보다는 도움이 필요한 사람을 돕는 봉사 활동이 중요한 거 아니니?"

우람이가 따지고 들었다.

"봉사 동아리 회원은 자기가 하고 싶은 것도 못 하고 무조건 봉사만 해야 한다는 법이 있니? 그런데 도대체 왜 갑자기 일정을 바꾸는 건데?"

지수 말에 우람이는 뜨끔했다.

"그, 그게 복지관에서 그날로 바꾸는 게 좋겠다고 연락이 왔어."

그때 태민이가 불쑥 끼어들었다.

"참, 수영 강습 시간이 바뀐 걸 깜빡했어. 나도 그날은 안 되겠는데."

"태민이 넌 또 왜 그래? 조금 전까지 아무 말도 안 했잖아."

우람이는 짜증을 냈다.

"우람아, 미안. 나도 수요일엔 미술 학원 가야 해."

"미안. 나도 수요일마다 치과에 가야 해."

예지와 혜미도 한마디씩 거들었다.

"이래도 만장일치로 결정된 거야?"

지수는 비꼬는 투로 말했다. 결국 동아리 모임은 원래 하려던 날에 그대로 하기로 했다.

학원 쪽지 시험을 보는 내내 우람이는 자꾸 지수 생각이 났다.

"오늘따라 우람이가 왜 이렇게 실수를 많이 했지?"

학원 선생님이 고개를 갸우뚱거렸다. 우람이는 머리가 아프다는 핑계를 대고 학원을 빨리 빠져나왔다. 학원에서 나와 걷는 내내 지수 생각이 머리를 맴돌았다.

'지수만 아니었으면 다른 아이들은 그냥 넘어갔을 거야.'

모든 일이 지수 때문에 꼬였다고 생각하니 괜히 화가 났다. 딴생각을 하며 걷던 우람이는 어느새 항상 다니던 길을 지나쳐 인적이 드문 낯선 골목길을 걷고 있었다.

그때였다. 발끝으로 물컹한 무언가를 밟은 느낌이 전해지면서 온몸의 털이 쭈뼛 섰다.

우람이는 가늘게 눈을 뜨고 발밑을 바라봤다. 고양이 한 마리가 누워 있었다. 죽었는지 꼼짝도 하지 않았다.

"아~악!"

덜컥 겁이 난 우람이는 맞은편 골목을 향해 냅다 뛰었다. 뛰는 내내 우람이는 아리가 떠올랐다. 결국 우람이는 방향을 바꿔 왔던 길로 되돌아갔다. 고양이에게 가까이 다가갈수록 가슴이 쿵쾅거렸다.

'설마 아리는 아니겠지? 아니야, 진짜 아리면 어떻게 하지?'

고양이는 여전히 움직이지 않았지만, 가늘게 숨을 쉬고 있었다. 몸이 온통 하얀 걸 보니 다행히 아리는 아니었다. 그런데 얼굴의

반이 까만 얼룩인 걸로 봐서 오늘 아침 아파트 화단에서 마주친 고양이 같았다. 언제 왔는지 누워 있는 고양이 곁을 까만 새끼 고양이가 맴돌고 있었다.

길가에 동물 병원이 두 군데 있었지만 이미 다 불이 꺼져 있었고 전화도 받지 않았다. 지나가는 사람도 보이지 않고 발만 동동 구르고 있을 때, 골목 귀퉁이에 '벤담 야생동물 구조센터'라는 낯선 간판이 눈에 띄었다. 이름도 건물도 뭔가 수상했지만 우람이는 전화를 걸었다.

"바람처럼 출동하는 벤담 야생 구조대입니다. 무엇을 도와드릴까요?"

"저, 여기 길에 고양이 한 마리가 누워 있는데 다친 것 같아요. 빨리 와 주세요."

전화를 끊자마자 머리에 하얀 헬멧을 쓰고 퀵보드를 탄 한 아저씨가 우람이 앞에 나타났다.

"아무래도 차에 치인 것 같은데, 얼른 센터로 옮겨서 자세히 살펴봐야겠어."

아저씨는 어미 고양이와 새끼 고양이를 각각 케이지에 넣었다.

"나는 야생동물 구조대장 제러미 벤담이다. 네 이름이 뭐니?"

"저는 우람이에요. 고우람."

"만나서 반갑구나. 우람아, 새끼 고양이는 네가 좀 데려다 주겠니?"

우람이는 얼떨결에 벤담 아저씨를 따라가게 됐다.

야생동물 구조센터는 겉에서 보기엔 그냥 허름한 창고처럼 보였지만 안은 마치 작은 동물원 같았다. 발에 붕대를 감은 너구리, 한쪽 눈을 가린 황조롱이, 목에 넥카라를 두른 청솔

모가 유리로 된 입원실에 들어가 있었다.

"우리 동네에 이런 곳이 있는 줄 몰랐어요. 도대체 이 많은 동물이 어쩌다 여기까지 온 거예요?"

"숲이 점점 사라지면서 먹이와 쉴 곳을 찾아 도시로 오는 야생 동물이 많아졌어. 그중엔 길을 잃고 도로로 뛰어드는 동물도 있고, 사람에게 붙잡혀 해코지를 당하는 동물도 있단다."

그새 벤담 아저씨는 어미 고양이의 상처를 소독하고 꿰맸다.

"괜찮을까요?"

"글쎄다. 겉에 보이는 상처는 치료했는데, 거리에서 생활하면서 몸이 많이 약해져 있는 상태라 좀 지켜봐야겠구나."

어미 곁에서 불안한 듯 계속 울기만 하던 새끼 고양이는 벤담 아저씨가 우유를 주자 허겁지겁 홀짝거리며 우유를 마셨다.

"우람이 네가 아니었으면 큰일 날 뻔했구나. 보통 그 시간엔 사람이 드문데 우람이 넌 어쩌다가 그 앞을 지나가게 됐니?"

벤담 아저씨 말에 잠시 잊고 있던 지수 생각이 다시 났다.

"이게 다 지수, 박지수 때문이에요."

벤담 아저씨가 무슨 영문인지 모르겠다는 표정을 짓자 우람이는 오늘 학교에서 일어났던 일을 털어놓기 시작했다.

"그러니까 지수가 반대만 안 했으면 학원 수업도 잘 듣고 쪽지 시험도 안 망쳤을 거고, 그 시간에 고양이 곁을 지나가는 일은 없었을 거예요."

"그럼 오히려 잘된 일이구나. 우람이 네가 그 순간에 그 앞을 지나가지 않았다면 아기 고양이는 엄마를 잃었을 테니까."

벤담 아저씨가 미소를 지었다.

"그건 그렇지만 동아리 모임보다 교회에 가는 것이 더 중요하다는 지수 말은 이해할 수가 없어요. 어떻게 종교 생활이 봉사 활동보다 중요할 수 있죠?"

우람이는 흥분한 목소리로 말했다.

"그런데 동아리 스케줄은 왜 바꾸려고 한 거니?"

"그게 사실은 새로 듣는 과외 수업 때문에……."

우람이의 목소리가 기어들어 갔다.

"우람이 너도 동아리 활동보다 과외가 더 중요하다고 생각했으니까 스케줄을 바꾸려고 했던 게 아니니? **누구든지 자신이 하고 싶은 것을 할 자유는 헌법에도 보장되어 있는 권리란다.**"

"헌법이 뭔데요?"

우람이가 벤담 아저씨를 올려다봤다.

"**헌법은 국민이 인간답게 살 권리를 보장해 주는 법 중의 법이지.** 헌법은 개인의 자유를 꼭 지켜져야 할 국민의 소중한 권리 중 하나라고 여긴단다. 그러니까 우람이 네가 하고 싶은 일이 중요한 만큼 친구의 자유도 소중한 거지."

"하지만…… 우리는 학생이니까 종교보다 공부가 더 중요한 거잖아요."

"누구의 자유가 더 가치 있는지, 누구의 권리를 더 인정해 주어야 할지 결정하는 건 꽤 어려운 문제란다. 나의 자유가 소중하듯 다른 사람의 자유권도 존중해야 하니까. 그래서 때로는 법적인 다툼이 일어나기도 하지. 몇 년 전 기독교 재단 학교에 다니던 학생이 무조건 예배를 봐야 하는 교칙에 반대하며 학교를 상대로 소송을 낸 사건이 있었어. 종교의 자유와 학교의 교칙 두 가지 법이 싸우게 된 거지."

"그래서 어떻게 됐어요?"

"우람아, 사람과 사람 사이에서 다툼이 생겼을 때는 어떻게 해결을 하지?"

"누가 잘했는지 잘못했는지 법정에서 판결하잖아요."

"그렇지. '법'이 해결하지. 그런데 법과 법이 충돌할 땐 '헌법'이 해결해 준단다."

"그래서 헌법은 학생과 학교 중에 누구 편을 들어줬어요?"

우람이가 눈을 동그랗게 떴다.

"헌법은 교칙과 종교의 자유 중에서 인간으로서의 존엄과 가치, 행복 추구권이 더 존중받아야 할 가치라고 하면서 학생의 손을 들어주었어."

그때 어디선가 낯선 기계 음성이 들려왔다.

"오늘의 한마디, 헌법은 모든 법 중의 '으뜸 법'이랍니다."

"누구 목소리예요?"

우람이가 주위를 두리번거렸다. 책상 위에 놓인 눈사람 모양의 스피커가 눈을 깜빡거렸다.

"벤담 야생동물 구조센터 직원 인공 지능 스피커 '다알봇'이야. 응급 처치 상식은 물론이고 음성 녹음, 동영상 촬영까지 못하는

헌법은 모든 법 중의 으뜸 법이랍니다.

게 없는 만능 직원이지. 참, 헌법 내용도 줄줄 외고 있단다."

"나는 벤담 야생동물 센터 구조대원 다알봇입니다. 우람님, 만나서 반가워요."

"내 이름은 어떻게 알았대?"

우람이가 웃으며 다알봇의 머리를 쓰다듬었다.

 ## 이건 내가 아니라 너희를 위한 거야
헌법은 권력자의 권한을 제한하기 위해 탄생했다

오늘은 처음으로 논술 과외를 하는 날이다. 우람이는 학원 수업이 끝나자마자 지하철을 타고 논술 과외 수업을 들으러 갔다. 엄마가 알려 준 주소로 찾아갔는데, 오피스텔 현관문 앞엔 '거인 상사'라는 간판이 붙어 있었다. 주소를 다시 확인했지만, 틀림없이 이 주소가 맞았다. 초인종을 누르려던 우람이는 그 옆에 붙은 메모를 보고 멈칫했다.

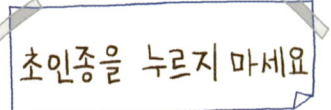
초인종을 누르지 마세요

그제야 엄마가 줬던 카드가 생각났다. 우람이가 목에 걸고 온 카드를 현관문 잠금장치에 갖다 대자 기계음이 나면서 문이 저절로 열렸다.

안에 들어서니 방이 두 개가 있었는데 하나는 칠판과 의자가 놓여 있는 평범한 교실이었고, 나머지 하나는 초록색으로 칠해진 철문이 굳게 닫혀 있었다. 과외 교실과 어울리지 않는 간판도 그렇고 음산해 보이는 초록색 철문도 그렇고 비밀 실험실도 아닌데 카드로 문을 열고 들어오는 것까지 모든 게 낯설었다.

"넌 첫날부터 지각이니?"

선생님은 우람이를 한번 힐끗 보더니 자리에 앉으라는 사인을 보냈다.

긴 생머리에 나풀거리는 원피스, 새빨간 매니큐어를 바른 선생님은 움직일 때마다 독한 향수 냄새를 풍겼는데, 마치 텔레비전에 나오는 탤런트 같았다.

"자, 첫 시간이니까 몇 가지 공지 사항부터 전달할게. 첫 번째, 질문하지 말 것. 영양가 없는 질문해서 다른 친구들 공부할 시간을 뺏으면 곤란하니까. 두 번째, 과제를 두 번 이상 해 오지 않으면 자동 아웃이야. 수업 시간에 들어올 필요가 없다는 말이지. 마지막, 저 초록색 문은 절대 열지 말 것. 이상, 끝."

선생님이 책을 펼치려는 데 우람이가 손을 번쩍 들었다.

"그런데요 선생님, 저기 초인종 옆에 붙어 있는 '거인 상사'는 뭐예요?"

"내가 방금 말했을 텐데. 질문 금지라고."

선생님이 큰 눈을 치켜뜨자 우람이는 잔뜩 움츠러들었다.

집에 돌아오자마자 우람이는 그 수업을 꼭 들어야 하냐며 엄마에게 볼멘소리를 했다.

"얘가 무슨 소리야? 내가 수업 시간 바꾼다고 얼마나 고생했는지 알기나 해?"

"그 선생님 좀 이상하단 말이야."

"시끄러워. 그 선생님 수업 들은 애들은 전국의 글짓기 상이란 상은 다 휩쓸었대. 잔말 말고 열심히 해."

엄마에게 말해 봐야 절대 통할 리 없다는 걸 아는 우람이는 한숨을 쉬며 방으로 돌아왔다. 휴대 전화를 만지작거리고 있을 때 문자 메시지가 도착했다.

 고우람 기자, 일요일까지 인터뷰 기사 잊지 않았겠지? 늦지 않게 보내 줘.

그제야 우람이는 〈도서관 신문〉에 낼 기사를 깜빡했다는 걸 알았다. 〈도서관 신문〉은 어린이 기자들이 쓴 기사 중에 몇 개를 골라 싣고, 가장 좋은 기사를 쓴 기자에게 '이달의 기자상'을 준다. 우람이는 벌써 세 번이나 기자상을 받았다.

내일 아침에 겨우 인터뷰 약속을 잡는다고 해도 원고까지 써서 보내려면 시간이 빠듯할 것 같았다. 시계를 보니 벌써 밤 10시였다. 당장 누구에게 인터뷰를 부탁할지부터 막막했다. 머릿속으로 한 명 한 명 떠올려 봤다.

신문사 기자인 이모는 해외 출장 중이라 안 되고, 교장 선생님 이었던 옆집 할아버지는 오늘 아침 시골 텃밭에 가셨다. 그때 문득 우람이에게 벤담 아저씨가 떠올라 야생동물 구조센터에 전화를 걸어 봤지만 받지 않았다.

이대로 인터뷰 기사를 포기해야 하나 고민하고 있을 때, 봉사 동아리가 생각났다. 봉사 경험담을 쓰면 이 달의 기사 주제에도 맞고, 동아리 홍보도 되고, 회원 한 명씩만 인터뷰를 해도 기사 쓸 분량이 충분히 나올 것 같았다. 우람이는 서둘러 동아리 회원들에게 전체 메시지를 남겼다.

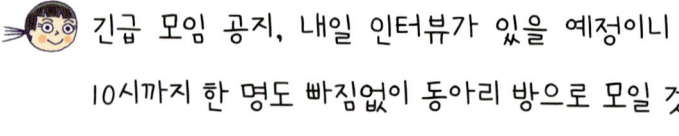 긴급 모임 공지, 내일 인터뷰가 있을 예정이니 아침 10시까지 한 명도 빠짐없이 동아리 방으로 모일 것. 간식으로 살살 녹는 수제 치즈 크림 쿠키도 제공할 예정.

그날 밤 우람이는 엄마를 졸라 아이들에게 줄 쿠키를 늦게까지 만들었다. 포장까지 마치고 나니 갑자기 잠이 몰려왔다. 우람이는 옷도 갈아입지 않은 채 그대로 잠들어 버렸다. 다음 날 늦잠을 잔 우람이는 헐레벌떡 뛰어 동아리 방으로 갔다. 다행히 아직 동아리 방엔 아무도 도착하지 않았다. 우람이는 어떤 질문을 할지 머릿속으로 생각하며 아이들을 기다렸지만 약속 시간이 한참 지났는데도 아이들은 나타나지 않았다. 우람이는 그제야 휴대 전화에 온 메시지를 확인했다.

 미안, 난 내일 학원 특강 있어.
 내일은 안 돼. 아침 일찍 가족 여행 떠나.
 난 지금 시골 할머니 집인데.

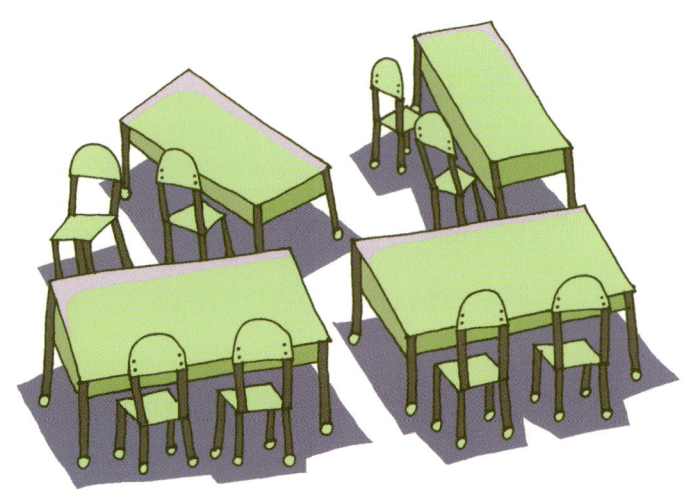

두 명을 빼고 모두 못 온다는 메시지가 남겨져 있었다. 전화를 걸어도 아무도 받지 않았다. 애써 만들어 온 쿠키를 가방에 다시 넣고 있는데 누군가 교실로 들어왔다.

"늦어서 미안."

기정이었다. 결국 우람이는 그날 인터뷰 기사를 보내지 못했다.

얼마 뒤 동아리 모임에서 우람이는 아이들을 보자마자 빽 소리를 질렀다.

"다들 너무한 것 아니니? 신문에 우리 동아리를 홍보할 기회였는데 놓쳐 버렸잖아. 너희 주려고 밤새 쿠키도 만들었는데."

우람이의 목소리가 갈라졌다.

"갑자기 연락해서 나오라고 하니까 그렇지."

현태가 시큰둥하게 말했다.

"가려고 했는데 늦잠을 자서 못 갔어. 미안."

혜린이가 머리를 긁적였다.

"일요일 아침엔 교회에 가야 해서."

지수가 시큰둥하게 대답했다.

"넌 또 교회 타령이니? 한 번쯤 동아리를 위해서 빠질 수도 있는 거 아냐? 나는 동아리 모임 때문에 중요한 논술 과외 날짜도 바꿨다고."

"뭐야? 언제? 그럼 그때 동아리 모임 날짜 바꿔야 한다고 한 게 복지관 때문이 아니라 우람이 네 과외 때문이었어?"

지수가 우람이에게 따졌다.

"그, 그래. 그게 뭐가 어때서? 뭐 어쨌든 내가 수업 날짜를 바꿔서 동아리 모임은 원래대로 했으니까 된 거잖아."

우람이가 큰소리를 쳤다.

"누가 들으면 우람이 네가 동아리를 위해서 엄청난 희생이라도 한 줄 알겠다. 넌 왜 항상 그렇게 네 마음대로니?"

지수가 우람이를 몰아세웠다.

"맞아. 모임 날짜도 약속 장소도 자기 편한 대로 정하고."

현태도 지수를 거들었다.

"다들 아무 말도 안 하니까 괜찮은 줄 알았어."

우람이가 억울하다는 듯 말했다.

"네가 아이들한테 말할 틈도 안 주고 몰아세워서 빨리 결정해 버리니까 그렇지."

예영이가 불만을 터뜨렸다.

"각자 의견 내느라 싸우고 시간 낭비하는 것보다 내가 대신 의견을 내서 빨리 결정하는 편이 동아리를 위해서 더 효율적이라고 생각했어. 나를 위해서 그런 게 아니라 동아리를 위해서 그런 거야."

우람이의 얼굴이 빨갛게 달아올랐다.

"그럼 지난번에 복지관에서 장난감 세척 봉사할 때 우리보고 한 명도 빠지지 말라고 해 놓고 너만 쏙 빠진 것도 동아리를 위해서였니?"

현태가 비아냥거렸다.

"그, 그땐 갑자기 일이 생겨서 어쩔 수 없었어. 그래도 나는 지금까지 너희를 위해서 열심히 일했어. 내가 좋아서 만든 동아리니까."

우람이가 억울하다는 듯 말했다.

"동아리를 만든 건 우람이 너지만 그렇다고 동아리가 네 것은 아니잖아."

지수도 지지 않고 말했다.

"그렇게 싫으면 박지수 네가 동아리를 나가면 되잖아."

결국 우람이는 폭발했다.

"쳇, 나가라면 누가 못 나갈까 봐?"

지수는 홱 토라져서 동아리 방을 나가 버렸다. 지수가 나가고 난 뒤 아이들도 하나둘 따라 동아리 방을 나가고, 기정이와 우람이 둘만 남았다.

"괜찮아?"

기정이가 우람이의 표정을 살폈다.

"너는 이게 괜찮은 걸로 보여? 상관 말고 그냥 가 줄래?"

우람이는 괜히 기정이에게 툭 쏘아붙였다.

갑자기 바람 빠진 풍선이 된 것처럼 우람이 기분이 축 처졌다.

한편, 같은 시각 동아리 방에서 나온 예영이와 예지, 혜미는 학교 앞 분식집에서 떡볶이를 앞에 놓고 수다를 떨고 있었다.

"우람이 점점 더 심해지는 것 같지 않아? 갑자기 모임 약속을 잡는 것도 그렇고 회장이면 다야?"

예영이가 입을 삐죽거렸다.

"맞아. 회의는 하면 뭘 해? 하나마나 결론은 우람이 자기 뜻대로 할 거면서."

예지는 입에 떡볶이를 잔뜩 넣은 채 흥분해서 말했다.

"처음엔 안 그러더니 귀찮은 일은 조금씩 우리한테 미루는 것도 좀 그래. 우람이 걔 지금까지 동아리 방 청소도 한 번 안 했을 걸."

혜미도 맞장구를 쳤다.

"동아리 규칙도 그래. 처음에 우람이 자기 혼자 다 정해 놓고 무조건 지키라는 게 말이 돼? 지각 벌금도 너무 비싸."

예지가 한숨을 쉬었다.

"여기 모여 봐. 나한테 좋은 아이디어가 떠올랐어."

예영이가 예지와 혜미에게 귓속말을 하자 셋의 얼굴에 미소가 번졌다.

우람이가 학원 수업을 마치고 동네 골목길을 걷고 있을 때 벤담 아저씨에게 메시지가 왔다. 지난번 길 고양이 사진이었다. 문득 고양이 소식이 궁금해진 우람이는 벤담 아저씨네 야생동물 구조센터로 갔다. 우람이는 입원실 안을 물끄러미 들여다봤다. 아직 누워 있긴 했지만 엄마 고양이는 저번에 봤을 때보다 훨씬 건강해 보였다.

"그러고 보니 아직 고양이들 이름이 없구나. 우람이 네가 이름을 지어 줄래?"

벤담 아저씨가 우람이를 보며 말했다.

"나중에 생각해 볼게요. 지금은 그럴 기분이 아니에요."

우람이가 시무룩하게 대답했다.

"무슨 일 있었니? 기운이 없어 보이는구나."

"저는 제가 만든 동아리니까 더 잘하고 열심히 하고 싶었는데,

아이들이 그런 마음을 몰라 줘서 속상해요."

우람이는 오늘 동아리 모임에서 일어난 일이 떠올라 울컥했다. 우람이가 동아리 친구들과 다퉜던 일을 이야기하자 벤담 아저씨는 책꽂이에서 두꺼운 사전같이 생긴 책 한 권을 꺼내 왔다.

"이 책이 너에게 도움이 될지도 모르겠구나."

"무슨 책이에요?"

"《마그나 카르타》란다. 헌법의 시초가 된 책이지."

"헌법이오? 헌법이랑 저랑 무슨 상관이 있어요?"

우람이가 고개를 갸우뚱거렸다.

"우람아, 법이 왜 생겨났는지 아니?"

"글쎄요. 사람들이 모여서 함께 살아가려면 규칙이 필요하니까 생긴 게 아닐까요?"

"그래. 맞아. 그런데 이 《마그나 카르타》는 왕이 백성을 다스리던 시대에 백성이 왕의 권력을 제한하려고 만든 법이란다."

"왕이 백성을 다스리려고 만든 법이 아니고요?"

"응. 한 나라의 가장 높은 자리에 앉아 있다 보면 통치자의 권력은 점점 커지기 마련이지.

그러다 보면 통치자 자신도 모르는 사이에 권력을 통해 국민을 억압하고 자유를 구속하게 된단다. 《마그나 카르타》는 그런 왕의 억압에서 벗어나고 싶었던 백성이 왕의 권력을 줄이기 위해 만든 법이야."

"그러니까 왕이 만든 법이 아니라 국민이 만든 법이네요."

"그렇지. 이 《마그나 카르타》가 오늘날 모든 권력은 국민으로부터 나온다고 말하는 '헌법'의 기초가 된 거란다. 친구들은 우람이 너도 모르는 사이에 회장인 너의 힘이 점점 커져서 네 마음대로 한다고 느꼈을 수도 있어."

"하지만 저는 왕이 아니잖아요. 지금까지는 별 문제없이 잘 지냈다고요. 우리 동아리는 우수 동아리상도 받은걸요."

"우람이 너와 동아리 아이들이 느끼는 게 다를 수도 있으니까 곰곰이 생각해 보렴."

벤담 아저씨 말에 우람이는 시무룩해졌다. 그런데 지금쯤 두 사람의 대화에 끼어들어야 할 다알봇이 보이지 않았다.

"다알봇은 어디 갔어요?"

벤담 아저씨의 눈이 휘둥그레지면서 갑자기 서두르기 시작했다.

"아차, 내 정신 좀 봐. 아까 분식점에 들렀다가 깜빡 놓고 온 모양이다. 지금 당장 찾으러 가야겠다. 우람아. 또 보자."

다행히 다알봇이 분식점에서 벤담 아저씨를 기다리고 있었다. 구조센터로 돌아온 아저씨는 다알봇의 버튼을 눌렀다.

"새로운 동영상 한 개가 추가되었으니 확인해 주세요."

벤담 아저씨가 영상을 확인하고 있을 때 우람이에게 문자 메시지 한 통이 왔다.

 다시 생각해 봐도 동아리 아이들이 저한테 왜 그러는지 이유를 잘 모르겠어요.

우리 동아리에는 왕이 살아요
헌법은 자유의 수호자다

 개학 날 아침, 알람도 울리기 전에 우람이는 저절로 눈이 떠졌다. 교실은 아침부터 술렁거렸다. 개학 날 흔한 풍경으로만 생각했는데 시간이 지날수록 우람이를 둘러싼 교실 공기가 낯설었다.
 반 아이들은 삼삼오오 모여 휴대 전화를 보면서 서로 이야기를 하다가 우람이와 눈이 마주치면 쓱 피해 버렸다. 알고 보니 학교 홈페이지 동아리 게시판에 올라온 '우리 동아리에는 왕이 살아요'라는 제목의 글 때문이었다. 내용은 이랬다.

★ 초등학교

자유 게시판

우리 동아리 지각 벌금은 너무 비싸요. 한 번 할 때마다 3000원인데, 몇 번만 내면 한 달 용돈이 다 날아가요. 그런데도 우리 회장은 한번 정한 규칙을 절대 바꿀 수 없다며 끄떡도 안 해요.

우리 동아리 회장은 자기는 하나도 안 하면서 회원들한테 귀찮은 일은 다 미루고, 청소도 우리가 다해요.

주말에도 툭하면 문자를 보내 다음 날 갑자기 모이라고 명령하고요. 처음엔 안 그랬는데, 점점 우리 회장은 왕이 되어 가요.

– 정의남

우람이 이름도 동아리를 표시하는 어떤 말도 없었지만, 게시글을 읽으면 누구나 봉사 동아리 회장 우람이에 관한 이야기라는 걸 눈치챌 수 있었다. 글 밑엔 무서운 속도로 댓글이 달리기 시작했다.

글을 읽는 우람이의 얼굴이 점점 빨갛게 달아올랐다.

'이런 글을 쓸 사람은 딱 한 사람밖에 없어.'

우람이는 수업이 끝나자마자 지수를 찾아갔다.

"너지? 게시판에 글 쓴 사람?"

우람이가 지수에게 따지듯이 물었다.

"나 아니야. 할 말 있으면 너한테 직접 하지 왜 귀찮게 글로 쓰겠어?"

지수는 잔뜩 빈정거리는 투로 말했다. 듣고 보니 지수는 아닐 것 같았다. 지수라면 우람이의 이름을 빼먹었을 리가 없다. 우람이는 씩씩거리며 교실을 나왔다. 그사이에도 댓글은 점점 더 늘어났다.

우람이는 지수 다음으로 동아리에 불만이 많은 현태를 찾아가 물었다.

"마음에 안 드는 게 있으면 말로 했으면 되잖아. 꼭 치사하게 이래야 했어?"

우람이가 현태를 흘겨봤다.

"너 눈에서 불 나오겠다. 나 아니거든. 우리 집 컴퓨터도 고장 나고, 며칠 전에 게임하다 엄마한테 딱 걸려서 휴대 전화도 압수당했는데 게시판에 글을 어떻게 쓰냐?"

우람이가 그다음에 찾아간 친구는 평소에 인터넷에 글 올리는 것을 좋아하는 예지였다.

"이예지, 게시판에 글 네가 썼지?"

"나 아니야. 나 팔 다쳤잖아."

그러고 보니 글은 어젯밤에 올라왔는데, 일주일 전부터 팔에 깁스를 한 예지가 올렸을 리는 없었다.

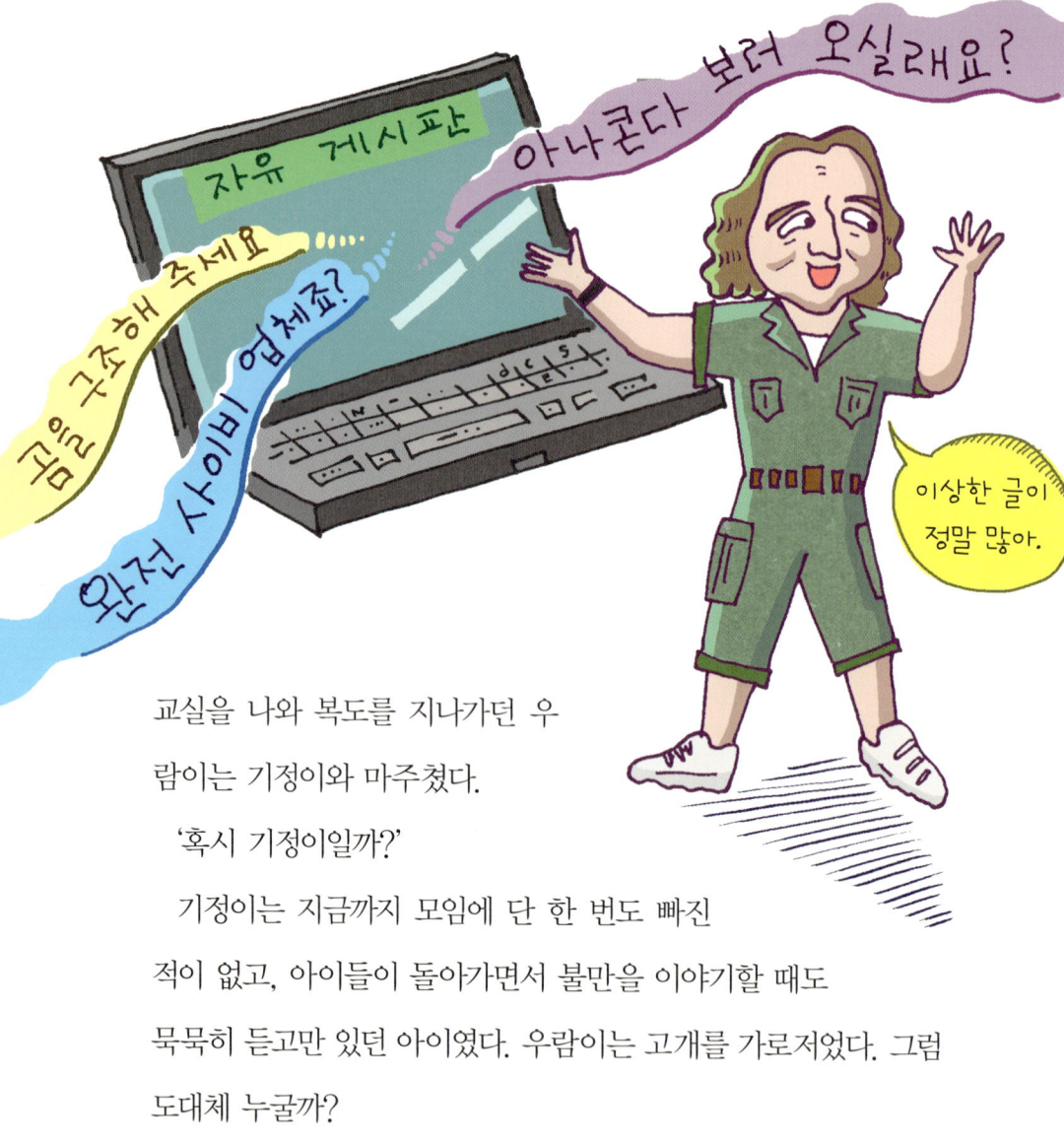

교실을 나와 복도를 지나가던 우람이는 기정이와 마주쳤다.

'혹시 기정이일까?'

기정이는 지금까지 모임에 단 한 번도 빠진 적이 없고, 아이들이 돌아가면서 불만을 이야기할 때도 묵묵히 듣고만 있던 아이였다. 우람이는 고개를 가로저었다. 그럼 도대체 누굴까?

"우람아, 고우람."

논술 과외 수업을 끝내고 나오는데 누군가 우람이를 불렀다. 벤담 아저씨였다. 아저씨는 건물 유리창에 매달려 있었다.

"거기서 뭐하세요?"

"이 건물 유리창에 새들이 자주 부딪혀 떨어진다는 신고가 들어와서 스티커를 붙이고 있는 중이다."

"스티커를 왜 붙여요?"

"깨끗한 유리를 보면 새들은 앞에 아무것도 없는 걸로 착각하고 그대로 날아와 부딪히는 경우가 많거든. 창에 스티커를 붙이면 새가 눈앞에 장애물이 있다는 걸 알아채서 사고를 줄일 수 있어. 그런데 무슨 생각을 그렇게 골똘하게 하니? 이름을 불러도 못 듣고."

"학교 동아리 게시판에 저에 대한 안 좋은 글이 올라와서 기분이 나빠서요. 말로 직접 하면 될 걸 숨어서 비겁하잖아요. 누가 글을 썼는지 찾아내서 확실하게 따질 거예요."

우람이는 결심한 듯 얘기했다.

"나와 다른 의견이 올라오면 기분이 상할 수도 있지만 게시판은 여러 사람의 의견을 듣기 위해 만들어진 공간이야. 야생동물 구조센터 자유 게시판에도 다양한 글들이 올라오지."

"어떤 글인데요?"

"다 지우면 되잖아요?"

"우리 동네 뒷산에 곰이 사는데, 곰 좀 구조해 주세요. 도시에 무슨 야생동물이 살아요? 완전 사이비 업체죠? 우리 집에 아나콘다가 사는데 보러 오실래요? 같은 글들이 매일 올라온단다."

"그럼 지우면 되잖아요."

"그럴 순 없어. 이름 그대로 자유 게시판이니까 그곳에서는 누구나 자신의 생각을 말할 수 있어야 하거든."

"저 같으면 당장 지울 거예요."

"나와 생각이 맞지 않는 글이 올라올 때마다 삭제한다면 누구도 자유롭게 자신의 생각을 말할 수 없을 거야."

"하지만 나와 다른 생각을 가진 사람의 말 때문에 상처를 받기도 하잖아요."

"물론 누군가를 근거 없이 비난하거나 하지 않은 일을 했다고 거짓을 이야기해서는 안 돼. 하지만 자신의 생각을 자유롭게 표현하는 것은 헌법에서도 보장하고 있는 기본권이란다. 음, 이제 다 됐구나. 한동안 새들이 다칠 염려는 없겠다. 우람아, 지금 당장은 속상하겠지만 왜 그런 글이 올라왔는지 한 번쯤 생각해 보렴. 분명히 이유가 있을 거야."

"이유는 보나마나 뻔해요. 날 싫어하는 애가 골탕 먹이려는 속셈이겠죠. 누가 썼는지 꼭 알아내고 말 거예요."

벤담 아저씨 말에 우람이는 입을 쭉 내밀었다.

우람이가 집에 돌아와 숙제를 하고 있을 때였다. 메시지 알림음이 연달아 계속 울렸다.

 나 동아리 탈퇴할게.
 나도 이만, 안녕.
 나도 못 할 것 같아. 학원 가야 해서.
 미안, 나도 탈퇴할게.

동아리 모임은 2학기 때 딱 한 번 바꿀 수 있는 기회가 있었지만, 대부분 아이들은 처음 선택한 동아리에서 끝까지 활동했다. 그런데 오늘 우람이의 봉사 동아리에서는 회원이 4명이나 빠져나갔다.

"쳇, 누가 붙잡을 줄 알고."

화가 난 우람이는 휴대 전화 전원을 꺼 버렸다. 그다음 날에도 게시판에 우람이에 대한 폭로는 계속 올라왔고, 이번엔 민호와 수민이가 동아리를 나가겠다고 했다. 이틀 사이에 동아리 회원 절반이 탈퇴했다.

이대로 가면 동아리가 해체될지도 모른다는 생각이 들자 처음

에 자신만만하던 우람이도 조금씩 불안해졌다. 언제나 불만이 많던 지수와 현태는 그렇다 쳐도 지금까지 별 문제없었던 예지와 혜미까지 나가겠다는 걸 보면 게시판 글 때문인 것이 분명했다. 우람이는 동아리 홈페이지를 관리하는 선생님을 찾아가 글을 지워 달라고 부탁했다.

"그건 곤란해. 게시판 글은 글을 쓴 사람이 직접 지우지 않는 한 함부로 삭제할 수 없어."

우람이는 어깨를 축 늘어뜨린 채 집으로 향했다.

'도대체 어디서부터 잘못된 걸까? 왜 아이들은 내가 왕처럼 명령한다고 느꼈을까?'

교문을 막 나서려는데 누군가 불렀다. 나영이였다.

"우람아, 나도 동아리 그만두려고."

우람이가 아무 대답도 하지 않자 나영이가 다시 말했다.

"저 있잖아. 미술 학원을 새로 등록해서."

"누가 이유가 궁금하대? 네 마음대로 해."

마음속으로는 제발 동아리에 남아 있으라고 하고 싶었는데 말은 반대로 나왔다.

학원 수업을 마치고 집으로 돌아가는 버스 안에서 우람이는 휴대 전화로 찍어 둔 동아리 영상을 돌려 봤다. 우람이 학교에선 매년 일 년 동안 동아리 회원들의 활약상을 모아 동영상으로 만들어 내는 동아리 동영상 대회가 열렸다. 우승 팀에겐 상금도 있고 학교 대표로 전국 동아리 동영상 대회에 출전하는 기회도 주어졌다. 우람이는 이 대회를 준비하려고 일부러 봉사 장소도 다양하게 선택하고 틈틈이 홍보 영상도 찍어 두고 동영상 편집 방법도 배웠다. 그렇게 차근차근 열심히 준비해 왔는데, 대회를 한 달 앞두고 참가는커녕 동아리 자체가 해체될지도 모른다고 생각하니 우울해졌다.

"다녀왔습니다."

엄마는 텔레비전 방송에 푹 빠져 우람이가 들어온 줄도 몰랐다. 화면엔 한 아줌마가 나와서 1인 시위를 하고 있었다. 팻말에는 '나는 딸을 죽인 살인자 엄마입니다'라는 글씨가 쓰여 있었다.

"저 엄마 가여워서 어쩌니?"

엄마는 손으로 눈물을 닦았다.

"무슨 일인데?"

"가습기 살균제 때문에 다섯 살 난 딸을 잃었다는구나."

"그런데 왜 저 엄마가 살인자야?"

"가습기 살균제가 독성 물질인 줄도 모르고 매일 밤마다 자기 손으로 아이 방 가습기에 살균제를 넣었으니까 그런 셈이지."

"엄마, 우리 집도 가습기 살균제 산 적 있어?"

"응, 딱 한 번 산 적이 있어."

"그래서 어떻게 됐어?"

우람이가 눈을 동그랗게 뜨고 엄마를 쳐다봤다.

"마침 우리 집은 그때 가습기가 고장 나서 사 놓고 다 버렸어. 천만다행이지."

저녁을 먹으면서 우람이는 문득 그때 가습기가 고장이 안 났다면 어땠을까 생각하니 갑자기 섬뜩해졌다.

3 헌법은 자유의 수호자다

헌법은 국가의 운영과 국민의 기본권 및 의무를 담은 기본적인 법을 말해. 나라를 어떻게 꾸려 나갈지, 국민에게 어떤 의무가 있고 어떤 권리를 보호받아야 하는지 정해 놓은 것이지. 따라서 모든 법률은 헌법을 바탕으로 만들어지고 해석되어야 해.

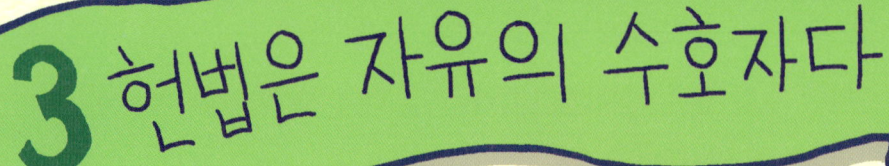

그래서 헌법을 '법 중에 법', '으뜸 법'이라고 하는군요.

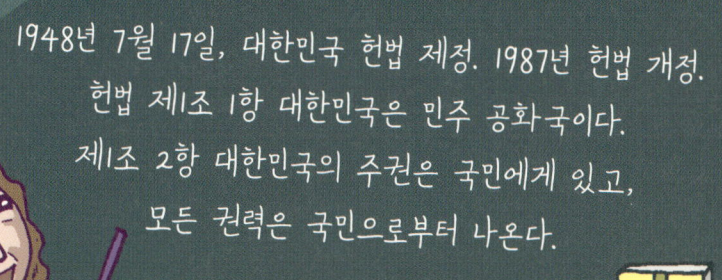

1948년 7월 17일, 대한민국 헌법 제정. 1987년 헌법 개정.
헌법 제1조 1항 대한민국은 민주 공화국이다.
제1조 2항 대한민국의 주권은 국민에게 있고,
모든 권력은 국민으로부터 나온다.

대한민국 헌법은 1948년 7월 17일에 처음 만들어졌어. 7월 17일을 제헌절이라고 하지? 바로 헌법 제정을 기념하는 날이야. 그 이후로 아홉 번에 걸쳐 바뀌었고, 지금은 1987년에 마지막으로 개정된 헌법을 쓰고 있지.

헌법에는 모든 국민이 사람답게 살 권리, 행복하게 살 수 있는 권리, 자유와 평등을 누리며 살아갈 권리도 보장해 놓고 있단다.

자기 의견을 표현하는 자유도 헌법에서 보장하고 있는 거네요…. 게시판에 글을 쓴 사람은 더 이상 찾지 않을래요!

누구나 괴물이 될 수 있다
헌법은 형식적인 법이 아니라 정의를 실현하는 법이다

다음 날 우람이 반은 역사 박물관으로 체험 학습을 갔다. 제2차 세계 대전에 관한 자료를 전시하는 관에 '안네 프랑크'의 사진과 일기장이 전시되어 있었다. 안네의 일기장 마지막에는 이런 문장이 있었다.

"안네 프랑크의 일기는 여기서 끝이 난다. 이 일기를 쓴 지 3일 후 은신처가 발각되는 바람에 안네 가족은 아우슈비츠 수용소로 끌려가게 되고, 안네는 거기서 생을 마감했다."

《안네의 일기》를 벌써 세 번이나 읽었지만 마지막 문장을 읽자 우람이는 또 코끝이 찡해졌다.

"히틀러도 나치 군인도 어떻게 죄 없는 사람의 목숨을 저렇게 함부로 빼앗을 수 있죠? 정말 악마 같아요."

우람이가 흥분한 목소리로 말했다.

"제2차 세계 대전 때, 수많은 안네의 가족들이 유태인이라는 이유만으로 안타깝게 목숨을 잃었어요. 비극적인 역사죠."

선생님 말에 여기저기서 아이들이 한마디씩 했다.

"안네 가족을 수용소에 보낸 사람은 분명히 사이코패스였을 거예요."

"맞아요. 죄책감을 느끼지 못하는 정신병자일지도 몰라요."

"보나마나 잔인하게 생겼을 거예요."

다음 전시관의 동영상 속엔 한 평범한 노인이 등장했다. 휠체어를 탄 노인은 늙고 병들고 치매에 걸려 기억이 가물가물하다고 했다. 그러자 화면 속 한 여자가 옷을 벗은 채 수용소로 끌려가는 유태인이 찍힌 사진 한 장을 노인에게 보여 주었다. 순식간에 노인의 표정이 굳어졌다.

"내 잘못이 아니야. 나는 법과 윗사람이 시키는 대로 명령에 따랐을 뿐이라고. 정말 어쩔 수 없었어."

영상 속 노인이 떨리는 목소리로 말했다.

"저 할아버지는 누구예요?"

우람이가 질문했다.

"지금까지 살아 있는 마지막 나치 전범이에요. 그러니까 그당시 유태인을 가혹하게 학대하고 목숨을 빼앗아 간 독일군 중 한 명이지요."

평범한 할아버지의 모습을 한 사람이 끔찍한 전쟁의 범죄자라는 사실에 놀란 듯, 웅성거리던 아이들이 순식간에 조용해졌다.

"저 사람을 용서해야 할까요? 용서해선 안 될까요? 여러분 생각은 어때요?"

선생님의 질문에 여기저기서 손을 들었다.

"잘못은 했지만 지금은 그냥 할아버지잖아요. 시간이 많이 흘렀으니까 용서해 줄 수 있다고 생각해요."

"그래도 범죄자는 범죄자예요."

"저 할아버지는 치매에 걸려 기억도 못 하는데 지금 처벌해도 소용없다고 생각해요."

"저 사람이 범죄자인 건 맞지만 어쩔 수 없이 법을 따른 거잖아요. 법은 무조건 따라야 하는 거니까요."

우람이 말에 갑자기 누군가 소리쳤다.

"아니야. 틀렸어!"

기정이였다.

"법이라고 무조건 따라야 하는 건 아니야!"

그 순간 반 아이들의 모든 눈이 기정이에게 모아졌다.

"기정아, 왜 그렇게 생각하는지 말해 줄래?"

선생님이 기정이를 쳐다보며 말했다.

"저 사람은 윗사람의 명령을 따르면 많은 사람이 희생될 거라는 사실을 알면서도 그냥 시키는 대로 했어요. 그래서 결국 수많은 유태인이 목숨을 잃었고요. 사람이 죽을 수 있다는 걸 알고도 잘못된 법을 따른 건 절대 용서할 수 없는 일이에요."

그 순간 기정이는 귀까지 빨갛게 변해 있었다. 갑자기 전시관 안이 얼어붙은 것처럼 조용해졌다. 6학년 전체에서 키가 제일 작고 왜소한 체구의 기정이는 거의 일 년 내내 마스크를 쓰고 다녔다. 별명도 '마스크 맨'이었다. 반에서도 동아리에서도 항상 말이 없고, 조용한 아이였던 기정이가 시키지도 않았는데 아이들 앞에서 발표를 한 건 처음이었다. 우람이는 기정이의 모습이 낯설게 느껴졌다.

'기정이는 도대체 왜 그랬을까? 누구에게 화가 났던 걸까?'

박물관에서 나와 집으로 가는 내내 우람이는 기정이 얼굴이 떠올랐다. 그때 누군가 우람이의 어깨를 툭 쳤다. 뒤돌아보니 하영이와 미소였다.

"우리 지금 새로 생긴 라쿤 카페 가는 길인데, 우람이 너도 같이 갈래?"

"라쿤? 너구리 닮아서 귀엽게 생긴 동물 말이야?"

"응, 라쿤을 직접 만질 수도 있고, 간식도 줄 수 있대."

"좋아. 나도 갈래."

우람이와 아이들은 잔뜩 들떠서 카페로 향했다. 카페는 벤담 아저씨네 야생동물 구조센터 근처 한적한 골목에 있었다. 그런데 카페에 들어서자마자 카페 주인이 우람이와 아이들 앞을 막아섰다.

아이들이 의아한 표정으로 쳐다보자, 주인은 주의 사항 팻말을 손으로 가리켰다.

"어른 없이 너희끼리는 들어갈 수 없어."
카페 주인이 딱딱하게 말했다.
"얌전히 보기만 할게요. 그냥 들어가게 해 주시면 안 될까요?"
우람이가 최대한 불쌍한 목소리로 말했다.
"절대 안 돼."
하지만 주인에게 냉정한 대답이 돌아왔다.
"여기까지 왔는데 그냥 돌아가야 하다니, 너무 아쉽다."
하영이가 잔뜩 실망한 얼굴로 말했다.
그때 우람이 눈에 야생동물 구조센터가 눈에 들어왔다.
"어쩌면 우리 들어갈 수 있을지도 몰라."
우람이는 벤담 아저씨에게 전화를 걸었다.
"안녕. 나는 바람처럼 출동하는 벤담 야생동물 구조센터의 벤담이라고 해."

1분도 되지 않아 머리에 헬멧을 쓰고 퀵보드를 탄 벤담 아저씨가 나타났다. 아저씨를 본 하영이와 미소의 눈이 휘둥그레졌다.

"그럼 같이 라쿤 보러 가 볼까?"

우람이와 아이들은 벤담 아저씨와 카페 안으로 당당하게 들어갔다. 카페 안은 조명이 많아서 눈이 부실 정도로 밝았다. 가운데 테이블 둘레로 유리벽이 쳐져 있었는데, 그 안에 케이지가 있고 라쿤과 다른 동물들이 함께 있었다. 벌써 카페 안에는 사람들로 가득했고, 동물을 만지고 간식을 주느라 정신이 없었다.

"여기 고양이 좀 봐. 눈이 한쪽만 파란색이야."

하영이가 흥분한 목소리로 말했다.

"얘들아. 여기 미니 돼지도 있어. 꼭 《샬롯의 거미줄》에 나오는 돼지처럼 생겼어."

까만 미니 돼지는 우람이를 보자마자 다가와 까만 코를 씰룩거렸다. 그 옆으로 웰시코기와 스패니얼, 라쿤 세 마리가 있었다. 미소가 라쿤에게 손을 흔들었지만 라쿤은 졸린지 고개를 파묻은 채 꿈쩍도 하지 않았다. 또 한 마리는 심심한지 계속 같은 곳을 빙빙 돌고, 또 한 마리는 계속 벽만 긁고 있었다. 우람이와 아이들은 동물 사이를 누비며 간식을 주고 쓰다듬으면서 신나게 돌아다녔다. 그런데 벤담 아저씨는 카페에 들어오고 난 뒤부터 계속 시무룩한 얼굴로 아무 말도 하지 않았다.

"아저씨, 무슨 일이에요?"

우람이가 벤담 아저씨를 물끄러미 쳐다봤다.

"아무래도 라쿤이 많이 아픈 것 같구나."

라쿤을 쳐다보고 있는 아저씨의 표정이 점점 어두워졌다. 한참 동안 라쿤을 지켜보기만 하던 벤담 아저씨가 갑자기 일어서서 카페 주인에게 성큼성큼 걸어갔다.

"라쿤이 야생동물인 건 알고 계신가요?"

벤담 아저씨의 말에 카페 주인은 황당하다는 표정을 지었다.

"물론 알고 있죠."

"그럼 라쿤이 혼자 지내는 습성이 있다는 것도 잘 알고 계시겠네요."

"네, 뭐 그렇죠."

카페 주인이 입을 쌜쭉 내밀었다.

"아시면서 저렇게 좁은 우리에 다른 동물들과 함께 가둬 놓고, 게다가 야생에서는 천적이었을 사냥개와 함께 가둬 놓다니요? 저런 환경이 라쿤에게 얼마나 스트레스를 주는지 모르시나요? 이건 엄격하게 따지자면 동물 학대입니다."

벤담 아저씨의 화난 목소리에 카페에 있던 사람들이 수군거리기 시작했다.
 "우리 카페는 야생동물 관리 규정대로 운영하고 있어요. 동물 학대라뇨?"
 카페 주인의 얼굴이 붉으락푸르락해졌다.
 "라쿤이 같은 자리를 맴돌고 벽을 긁는 건 스트레스를 받을 때

하는 비정상적인 행동이에요. 야생동물의 습성을 무시한 채 계속 저렇게 방치하면 병에 걸려 결국엔 목숨을 잃고 말거예요."

"야생동물이라도 도시에 살면 어쩔 수 없는 일이잖아요. 법에 야생동물과 다른 동물을 같이 키우면 안 된다는 규정은 없다고요. 여기 있는 고양이와 개도 다 버려진 애들을 내가 입양한 거예요. 내가 동물을 얼마나 사랑하는데요."

카페 주인이 목소리를 높였다.

"동물이 고통스러워하는 걸 외면하면서 무조건 법만 따르는 것이 동물을 사랑하는 건가요?"

벤담 아저씨의 목소리가 커졌다.

"몰라요. 나는 법대로 했으니까 따지려면 구청에 가서 따지세요."

카페 주인도 지지 않았다.

"법은 형식이 아니라 정의를 위해 존재하는 겁니다. 형식적으로는 문제가 없더라도 옳지 않은 법이라면 고치고, 거부해야죠. 라쿤을 개와 함께 키우는 건 사자와 사람을 한 공간에 두는 것과 마찬가지라고요."

벤담 아저씨의 얼굴이 붉게 변했다.

"몇 번을 말해요? 나는 법대로 했다고요. 영업 방해되니까 지금 당장 나가 주세요."

결국 벤담 아저씨는 카페 주인에게 떠밀려 밖으로 나왔다. 우람이도 슬며시 아저씨를 따라 카페를 나왔다. 두 사람은 말없이 한참을 걸었다.

"라쿤이 아픈 건 줄 몰랐어요."

우람이가 먼저 말을 꺼냈다.

"생각 없이 법을 따르기만 한다면 누구나 괴물이

될 수 있단다. 이미 동물에게 인간은 괴물이 되어 가고 있는 것 같아 부끄럽구나."

오늘따라 벤담 아저씨의 얼굴이 우울해 보였다.

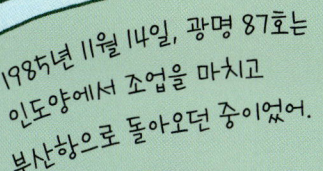

1985년 11월 14일, 광명 87호는 인도양에서 조업을 마치고 부산항으로 돌아오던 중이었어.

광명 87호 선장은 남중국해 인근에서 한 낡은 목선을 발견해. 그 배에는 도움의 손길이 간절한 베트남 사람들이 있었지.

당시 베트남 사람들은 오랜 내전에 지쳐 목숨을 걸고 탈출을 했어. 그들은 오갈 곳 없이 배를 타고 여기저기 떠돌아다녔지.

도와줘

내전중

선장은 이 상황을 회사에 보고했지만 회사에서는 무시하고 돌아오라는 명령을 내려.

..회사

그냥 돌아오시오..

도와줘야 해요!

하지만 임산부와 아이를 그냥 내버려 둘 수 없었던 선장은 회사의 명령을 거부하고 96명이나 되는 사람들을 태웠어.

열흘 넘는 항해 끝에 겨우 항구에 도착했지만 선장은 혹독한 조사를 받았고 회사에서도 쫓겨났어.

20년 세월이 흐른 뒤, 선장의 배에 탔던 한 난민이 수소문 끝에 선장을 찾아냈어.

평생 잊지 않을게요

이 선장의 이야기는 사람들에게 큰 감동을 주었고, 전제용 선장을 UN 난센상 후보로 추천했어.

정말 감동적이에요.

비록 회사의 법을 어겼지만 정의를 실천하며 많은 사람을 구한 선장의 이야기는 우리에게 주는 의미가 커.

희정이 가족의 눈물
헌법은 누구에게나 공평하게 적용되어야 한다

일주일 사이에 동아리 게시판은 좀 잠잠해졌지만, 우람이의 봉사 동아리에는 회원이 거의 탈퇴하고 우람이와 기정이 단 두 명만 남았다. 둘은 도서관에서 마지막 봉사 활동을 했다. 아이들에게 책을 읽어 주고 나오는데 기정이만 보면 책을 읽어 달라고 조르는 여섯 살 규민이가 따라 나왔다.

"형, 다음 주에 또 올 거지?"

"그, 그래. 또 올게."

기정이는 규민이 눈을 피하며 힘없이 대답했다. 규민이는 영문도 모른 채 기정이에게 손을 흔들었다. 도서관 문을 나서는데 갑자기 소나기가 쏟아졌다. 우람이와 기정이는 버스 정류장까지 뛰어서 막 들어오는 버스를 탔다. 버스에 타자마자 기정이의 기침이 시작됐다. 한번 시작된 기침은 한참 계속됐다.

"너 괜찮아? 얼굴이 완전 하얘졌어."

우람이가 걱정스러운 표정을 지었다.

"원래 그래. 조금 지나면 괜찮아져."

기정이는 하얗게 질린 얼굴로 말했다. 어제 박물관에서 얼굴을 붉혀 가며 강하게 이야기하던 기정이는 온데간데없고, 평소의 연약한 마스크 맨으로 돌아와 있었다.

"우람아, 나는 우리 동아리가 안 없어졌으면 좋겠어."

기정이 말에 우람이가 픽 웃었다.

"회원이 없는데, 너랑 나랑 둘이서 동아리를 하니?"

"나는 어릴 때부터 아파서 매일 병원에 다니는 바람에 항상 친구가 없었어. 그런데 동아리 활동을 하면서 처음으로 나를 기다려 주는 동생들이 생겨서 좋았어. 항상 남의 도움만 받다가 내가 누군가를 도와주는 사람이 되는 것도 좋았고."

기정이는 갑자기 뜸을 들였다.

"그래서?"

"네가 아이들을 설득해서 지금이라도 다시 동아리에 들어오라고 하면 안 돼?"

"싫어. 자기들 마음이 변해서 제멋대로 나갔는데 내가 왜 다시 돌아오라고 사정해야 해?"

우람이가 발끈했다.

기정이가 한참을 뜸들이다 말을 꺼냈다.

"우람이 너도 변했잖아."

"내가 뭘?"

"우리 첫 동아리 모임 했던 날 기억나?"

"눈 많이 왔던 그날?"

"응, 그날 모임 시작하자마자 한 친구가 음료수를 네 옷에 다 쏟았잖아."

"맞다. 예지가 콜라를 쏟았었어."

"동아리 선생님이 옷이 젖어서 추우니까 이번 회의는 생략하고 회장이 정한 활동으로 대신하자고 했잖아. 그런데도 너는 아이들 의견을 들어 봐야 한다며 추워 벌벌 떨면서도 끝까지 회의를 했잖아."

"맞아, 그랬어. 그래서 나 그때 독감에 걸렸잖아."

"그랬던 우람이 네가 언제부턴가 점점 변하기 시작했어. 아이들 의견은 무시하고 모든 걸 혼자 결정하고 명령만 했어. 아이들은

그때가 그리울 거야."

기정이의 목소리는 작았지만 말은 날카로웠다.

"아니야. 나는 안 변했어. 그때랑 똑같아. 만약 내가 달라졌다면 그건 동아리를 위해서 그랬을 뿐이야. 싫다고 나간 애들을 붙잡을 생각은 눈곱만큼도 없어."

우람이는 빽 소리를 지르고 다음 정거장에서 내려 버렸다. 우람이는 말은 안 했지만 끝까지 동아리에 남아 있던 기정이만은 자기 마음을 알아줄 거라 생각했다. 그 순간 아껴 뒀던 마지막 초콜릿을 바닥에 떨어뜨린 것처럼 서운한 마음이 들었다.

'도대체 어디서부터 꼬여 버린 걸까?'

우람이는 그날 밤 늦게까지 잠에 들지 못했다.

다음 날 기정이는 학교에 오지 않았다. 그다음 날에도 기정이 자리는 비어 있었다. 우람이는 버스 안에서 하얗게 변한 얼굴로 기침을 하던 기정이 모습이 떠올랐다.

며칠 후 우람이는 이모와 뮤지컬 공연을 보고 나왔다.

"우람아, 오늘 공연 어땠어?"

이모가 우람이를 쳐다봤다.

"진짜 재미있었어. 무대도 멋있고. 그런데 저기 저 사람들은 누구지?"

우람이가 광화문 광장 앞에 모여 있는 한 무리의 사람들을 발견했다. 사람들은 '가습기 살균제 피해자의 호소'라는 플래카드와 팻말을 들고 서명 운동을 하고 있었다.

피해 등급제를 폐지하고 피해자 전원이 치료받을 수 있게 해 주세요.

누구나 건강할 권리를 법으로 보장해 주세요.

가습기 살균제를 만들고 판매한 기업이 제대로 처벌받게 해 주세요.

판사의 망치는 누구에게나 같아야 합니다.

　우람이는 팻말에 적힌 글을 하나하나 다 읽어 봤다.

　"이모, 판사의 망치는 누구에게나 같아야 한다는 말이 뭐야?"

　"법은 누구에게나 똑같이 공평하게 적용되어야 한다는 뜻이지."

　"그건 너무 당연한 거잖아."

　우람이가 고개를 갸우뚱거렸다.

　"그런데 그 당연한 일이 안 지켜지고 있는 것이 문제지. 가습기 살균제 사건으로 6000명이 넘는 피해자가 생겼는데 제품을 만든 기업은 제대로 사과도 안 하고 처벌도 안 받고 있으니까 피해자들이 직접 거리로 나온 거야."

"그런데 이렇게 하면 뭐가 달라져?"

"많은 사람이 사건에 관심을 가질수록 법이 공평하게 적용되고 있는지 아닌지 제대로 지켜볼 것이고, 만약 법이 공평하게 작동하지 않아 피해를 보는 사람이 생기면 다시 헌법에 의해 심판을 받게 되겠지."

우람이는 바닥에 떨어져 나뒹굴고 있는 전단지 한 장을 주웠다. 전단지 속에는 가습기 피해자 가족들의 사진이 들어 있었다. 그

중에 '희정이 가족'이라는 제목의 사진 한 장이 우람이 눈길을 끌었다.

'어디서 본 사람 같은데.'

우람이는 사진 속 희정이 오빠의 얼굴이 낯이 익었다.

저녁을 먹은 우람이는 줄넘기 연습을 하러 동네 공원으로 갔다. 몇 번의 실패 끝에 2단 뛰기를 연속으로 성공하려는 순간, 스산한 휘파람 소리가 들려왔다. 그 소리에 놀란 우람이는 줄넘기 줄에 발이 걸려 넘어졌다.

"우람아, 괜찮니?"

벤담 아저씨가 우람이를 부축했다.

"여기 웬일이세요?"

우람이가 눈을 동그랗게 떴다.

"맨홀에 족제비가 갇혔다는 신고를 받고 출동했는데, 아무래도 놓친 것 같아."

그때 어디선가 딩동 소리가 나자 벤담 아저씨가 배낭에서 다알봇을 꺼냈다.

"게시판에 새로 올라온 글이 한 개 있습니다. 확인을 원하시면 버튼을 눌러 주세요."

벤담 아저씨가 다알봇의 버튼을 꾹 누르자 다알봇의 몸통에 있는 화면에 '희귀 야생동물 득템'이라는 제목과 함께 곤충 사진 한 장이 나왔다. 사진 속엔 긴 더듬이의 풍뎅이를 닮은 곤충이 먹이를 받아먹고 있었다. 먹이를 주는 빨간 손톱에 핑크색 하트 보석을 붙인 긴 손가락이 눈에 띄었다. 사진을 보는 벤담 아저씨의 얼굴이 심각해졌다.

"무슨 곤충이에요?"

"사진의 초점이 잘 안 맞아서 정확하지는 않지만 일단 장수하늘소처럼 보이는구나. 우리나라에 20마리도 안 남아 있는 멸종 위기 곤충이지."

"집에서 멸종 위기 동물을 키워도 괜찮아요?"

"불법이지."

"그러면 빨리 주인을 찾아 연락을 해야 하잖아요."

"그런데 이 사진 한 장만으로 주인을 찾을 수 있을지 모르겠다. 하늘소 같은 곤충은 습도나 온도 맞추기가 쉽지 않아서 실내에 두면 몸이 금방 건조해질 텐데."

"게시판에 댓글을 남겨 두는 건 어때요? 나중에라도 주인이 볼지 모르잖아요."

"그래, 우람이 네 말대로 해야겠구나. 그나저나 봉사 동아리는 어떻게 됐니? 게시판 글은 누가 썼는지 알아냈고?"

벤담 아저씨 말에 우람이는 고개를 저었다.

"아니요. 그런데 이제 누가 썼는지 찾을 필요가 없어졌어요. 동아리가 해체될 것 같거든요. '동아리 동영상 대회' 나가려고 일 년 동안 열심히 준비한 게 아깝긴 하지만 할 수 없죠 뭐."

"아직 포기하기엔 이른 것 같은데. 동아리 친구들을 다시 한번 잘 설득해 보지 그러니?"

"싫다고 나간 애들인데 제가 왜 다시 오라고 하겠어요? 싫어요."

우람이는 터덜터덜 집으로 걸어왔다.

옷을 갈아입으려고 주머니에 손을 넣는데, 낮에 받은 전단지가 바닥으로 떨어졌다. 우람이는 다시 사진을 살펴봤다. 아빠 엄마와 함께 두 남매 모두 유치원 원복을 입고 활짝 웃고 있었는데, 동그란 안경을 낀 남자아이의 얼굴이 유난히 낯이 익었다. 자세히 보니 남자아이 원복에 서기정이라는 이름이 써 있었다. 순간 우람이는 봉사 동아리의 기정이가 떠올랐다. 얼굴은 조금 달라졌지만 동글동글한 얼굴 모양도 그렇고 하얀 얼굴도 그렇고 웃을 때 눈꼬리가 축 처지는 것까지 기정이와 꼭 닮아 있었다.

사진 속 기정이는 호흡기병을 앓고 있다고 했는데, 혹시 그래서 기정이가 매일 마스크를 쓰고 다녔던 걸까? 진짜 사진 속 기정이가 그 기정이일까?

5 헌법은 누구에게나 공평하게 적용되어야 한다

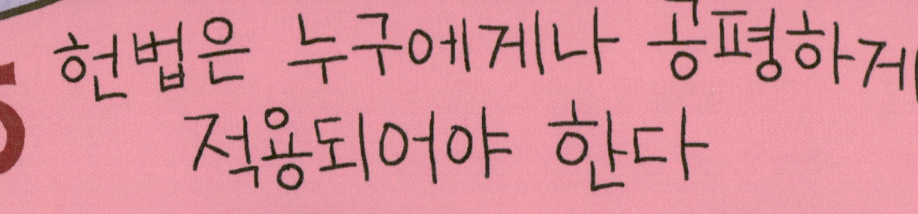

뉘른베르크 법

1. 유태인과 독일인 사이 결혼은 물론, 어떠한 성적 접촉도 금지한다.

2. 제3국에서 치러진 결혼일지라도 모두 무효이며, 이를 어긴 자는 강제 노역에 처한다.

3. 유태인의 독일 국적을 박탈한다.

4. 유태인은 독일 국기를 게양할 수 없으며, 독일인 하인을 둘 수 없다.

이게 뭐예요?

동아리의 왕, 일꾼으로 다시 태어나다
헌법은 미래 세대를 위한 기본권을 보장한다

기정이는 일주일째 결석 중이다. 책상 서랍에서 풀을 꺼내던 우람이 눈에 구겨진 전단지가 들어왔다. 우람이는 전단지에 나온 희정이의 가족사진을 휴대 전화 카메라로 찍어 기정이에게 보냈다.

 서기정, 너 왜 학교 안 나와?

 기침이 심해서 입원했어.

 혹시 사진 속 남자아이 너야?

- 응, 나야. 옆에 있는 애는 내 동생 희정이고. 지금은 하늘나라에 있지만.
- 그럼 너도 가습기 살균제 때문에 아픈 거야?
- 맞아. 그래서 아픈 거야.
- 그럼 가습기 살균제 만든 회사는 벌을 받았어?
- 아니, 아직 사과도 못 받았는걸.
- 그래도 치료비는 주는 거 맞지?
- 아니. 기업이 정한 보상 기준에 맞지 않는 병이라서 치료해 줄 수가 없대.
- 말도 안 돼. 자기들이 만든 제품 때문에 건강한 사람이 병에 걸렸는데 무슨 병이든 만든 사람이 책임을 져야지. 아픈 것도 억울한데 병도 골라서 걸려야 하는 거야?
- 나보다 우람이 네가 더 흥분한 것 같다.
- 그럼 내 친구한테 생긴 일인데 흥분을 안 하게 생겼어?

 짐작은 했지만 막상 사진 속 아이가 진짜 기정이라고 생각하니 우람이는 마음속에서 알 수 없는 분노가 일어났다. 조금만 걸어도 숨이 차서 쉬어 가야 하고, 체육 시간에도 벤치에 앉아만 있고, 일 년 내내 마스크를 쓰고 다니던 기정이 모습이 문득 떠올랐다. 박물관에서 기정이가 왜 그렇게 화를 냈는지도 조금은 알 것 같았다.

그날 저녁 우람이는 가습기 살균제 사건과 관련한 뉴스를 검색했다. 가습기 살균제 때문에 딸과 아내를 한꺼번에 잃고 우울증에 걸린 아빠, 병든 할머니를 간호하느라 자신도 환자가 된 할아버지, 코에 줄을 꽂은 채 힘없이 휠체어에 누워 있는 아이의 모습에 기정이가 겹쳐 보였다.

'이제 나와 상관없는 일이 아니라 내 친구의 일이야.'

우람이는 기정이를 도울 방법을 생각해 봤지만 그럴듯한 아이디어가 쉽게 떠오르지 않았다.

어느 날, 일찍 학교에 간 우람이는 우연히 학교 게시판에 붙어 있는 동아리 동영상 대회 광고를 보게 됐다. 상금과 함께 빨간 글씨로 쓰여 있는 문구가 눈에 확 들어왔다.

'최종 우승 팀의 동영상은 광고로 제작되어 방송될 예정'

그 순간 우람이에게 아이디어 하나가 불쑥 떠올랐다.

'그래. 기정이처럼 어린이 가습기 살균제 피해자 사연이 광고로

제작되면 더 많은 사람의 마음을 움직일 수 있을 거야.'

그런데 문제는 동아리 동영상을 만들려면 우선 봉사 동아리 해체부터 막아야 했다. 그 말은 우람이가 동아리에서 나가라고 소리쳤던 친구들을 설득해서 마음을 돌려야 한다는 뜻이기도 했다.

사사건건 우람이 뜻에 반대하던 지수와 항상 불만이 많던 현태, 뒤에서 수군거리던 아이들의 얼굴이 떠오르자 한숨이 나왔다. 하지만 또 한편으로 하얀 얼굴로 기침을 하던 기정이의 얼굴도 떠올랐다.

그날 저녁 우람이는 책상에 앉아 동아리 회원 한 명 한 명에게 손 편지를 썼다.

지수에게

나 고우람은 오늘부터 동아리 왕에서 동아리 일꾼이 되기로 결심했어. 지금까지 내가 정한 규칙은 다 버리고 회원들이 새로 정한 규칙을 따를게.

그리고 원한다면 회장도 그만둘게.

우리 동아리가 꼭 해야 할 일이 생겼어.

다시 한번 나에게 기회를 줘.

마음이 바뀐다면 수요일 방과 후에 동아리 교실로 와 줘.

다음 날 아침, 우람이는 교실을 직접 찾아다니며 편지를 배달했다.

"글쎄, 한번 생각해 볼게."

"나가라고 할 땐 언제고 왜 다시 들어오라고 하니?"

"벌써 다른 동아리에 들어가기로 해서 잘 모르겠어."

우람이는 진심을 담아 이야기했지만 돌아오는 반응은 싸늘했다. 수요일 방과 후 동아리 교실에서 우람이는 아이들을 기다렸다. 1분이 1시간 같았다. 약속한 시간이 지났지만 아이들은 한 명도 나타나지 않았다. 점점 시간이 흐를수록 아무도 안 나타날지도 모른다는 불길한 예감이 들었다. 기다리다 지친 우람이가 교실을 막 나서려고 할 때 교실 문이 열렸다.

"미안, 오늘 종례가 너무 늦게 끝났어."

태민이가 헐레벌떡 뛰어 들어왔다. 다음엔 보라가 들어왔다.

"오늘 약속을 깜박하고 집에 갔다가 다시 왔어. 내가 원래 깜빡이잖아."

보라 뒤로 아이들이 하나둘 교실 안으로 들어왔다. 어느새 지수와 기정이를 빼고 봉사 동아리 회원 모두가 모였다. 우람이는 순간 눈물이 핑 돌았다.

"그런데 우리가 할 일이 뭐야?"

현태가 재촉했다.

"설마 나 빼고 회의 시작한 건 아니지?"

그때 지수가 교실 문을 열고 들어왔다.

"박지수, 네가 올 줄은 몰랐네."

현태가 씩 웃었다.

"사실은 안 오려고 했는데 편지가 너무 감동적이라서 마음이 바뀌었어."

지수와 눈이 마주친 우람이가 씩 웃었다.

그렇게 기정이를 뺀 봉사 동아리 회원 모두가 다시 뭉쳤다. 우람이는 동아리 아이들에게 기정이 가족과 같은 피해자 가족들의 이야기를 들려주었다. 아이들의 표정이 갑자기 심각해졌다.

"그런데 우리가 이런다고 법이 바뀌진 않을 거야."

현태가 입을 삐죽 내밀었다.

"맞아. 우리는 투표권도 없는 초등학생이잖아."

예지가 한숨을 쉬었다.

"너희 말대로 투표권도 없고 법도 못 바꿀지 몰라. 하지만 우리 목소리를 전할 수는 있지 않을까?"

"나도 같은 생각이야. 그리고 이건 우리 친구 일이니까 당연히 우리가 나서야지."

지수가 우람이 편을 들어줬다. 그러자 듣고 있던 아이들도 하나둘 맞장구를 쳤다.

"그럼 각자 좋은 아이디어가 있으면 얘기해 줘."

우람이 말에 여기저기서 다양한 의견들이 나왔다.

"누나나 형이 아프면 아빠 엄마가 동생들을 돌볼 시간이 없으니까 우리가 찾아가서 책도 같이 읽고 공부도 가르쳐 주는 건 어때?"

"초등학생 피해자를 찾아가서 우리가 직접 인터뷰를 하면 어떨

까? 초등학생 마음은 초등학생이 제일 잘 아는 법이니까."

"얼마 전 우리 엄마가 인터넷에서 광고하는 세제를 샀는데, 얼마나 독한지 고무장갑이 다 녹아 버렸어. 이번 기회에 화학 제품을

함부로 사용하면 위험하다는 캠페인을 하는 것도 좋을 것 같아."
 민호가 말하자마자 민호 주변에 있던 아이들이 인상을 찡그리며 코를 싸쥐었다.
 "야 장민호, 너 또 방귀 뀌었냐? 공공장소에서 독가스 살포도 위험하거든."
 지수 말에 아이들은 손뼉을 치며 웃었다. 동아리 모임을 끝내고 나오는데, 우람이는 왠지 모르게 가슴이 벅찼다. 버스 안에서 벤담 아저씨에게 메시지를 보냈다.

저 봉사 동아리 다시 하기로 했어요.

동아리 친구들은 다시 만나지 않을 거라고 큰소리친 사람이 누구더라.

제가 언제 그랬나요? 우리 동아리에서 꼭 함께해야 할 일이 생겼거든요.

어쨌든 잘됐구나. 한번 마음이 떠난 친구들을 설득하기 쉽지 않았을 텐데 비결이 뭐니?

입장을 바꿔 생각하니 아이들은 내가 회장이라 일은 안 하고 시키기만 한다고 생각할 수도 있겠더라고요. 그래서 지금까지 규칙은 모두 버리고 아이들과 의논해서 새로 정하고, 원한다면 회장도 사퇴하겠다고 했어요.

봉사 동아리 《마그나 카르타》가 탄생한 셈이구나.

봉사 동아리 '헌법'이라고도 할 수 있겠죠. 참, 그 장수하늘소 주인은 찾았어요?

아니, 아직.

새로운 단서는요?

아직 못 찾았다. 빨리 주인을 찾아야 장수하늘소가 무사할 텐데.

지난번 다알봇이 보여 준 사진 저한테도 보내 주세요. 저도 한번 찾아볼게요.

다음 날 과외 수업을 가는 길에 우람이는 다알봇이 보내 준 사진을 꺼내 봤다. 확대해서 살펴보니 지난번 봤을 때는 보이지 않던 반복되는 무늬가 눈에 들어왔다. 그 무늬는 장수하늘소 뒤에 보이는 유리창 무늬였다. 화면을 최대한 확대해서 자세히 살펴보니 유리창에 새겨진 회색 무늬는 독수리 모양의 새 스티커였다. 스티커 옆으로 '래 빌딩'이라는 글자도 보였다. 한 글씨는 그림자에 가려 알 수가 없었다. 그때 문득 유리창에 스티커를 붙이고 있던 벤담 아저씨와 마주쳤던 일이 떠올랐다.

우람이가 과외 수업을 받는 빌딩의 이름은 '미래 빌딩'이었다. 창에 붙은 흔치 않은 독수리 모양 스티커와 '래 빌딩'이라는 글자로 추측해 보건데 사진 속 빌딩은 우람이가 과외 수업을 하는 건물이 확실해 보였다.

'그런데 그 건물에 사는 그 많은 사람 중에 어떻게 장수하늘소의 주인을 찾지?'

우람이는 과외 수업 내내 딴 생각을 했다.

"고우람, 이름을 세 번씩이나 불렀는데 대답도 안 하고 무슨 생각을 하는 거야?"

과외 선생님이 빽 소리를 질렀다.

"89쪽 첫 번째 줄부터 소리 내서 읽어 봐."

우람이가 책을 읽기 시작할 때였다.

"오늘따라 교실이 왜 이리 어둡지?"

선생님이 창문의 커튼을 열어젖히는 순간 알 수 없는 한 줄기 빛이 반짝거리면서 맞은편에 있던 우람이의 눈을 날카롭게 찔렀다. 알고 보니 그 빛은 선생님의 손톱에 붙은 하트 큐빅이 햇빛에

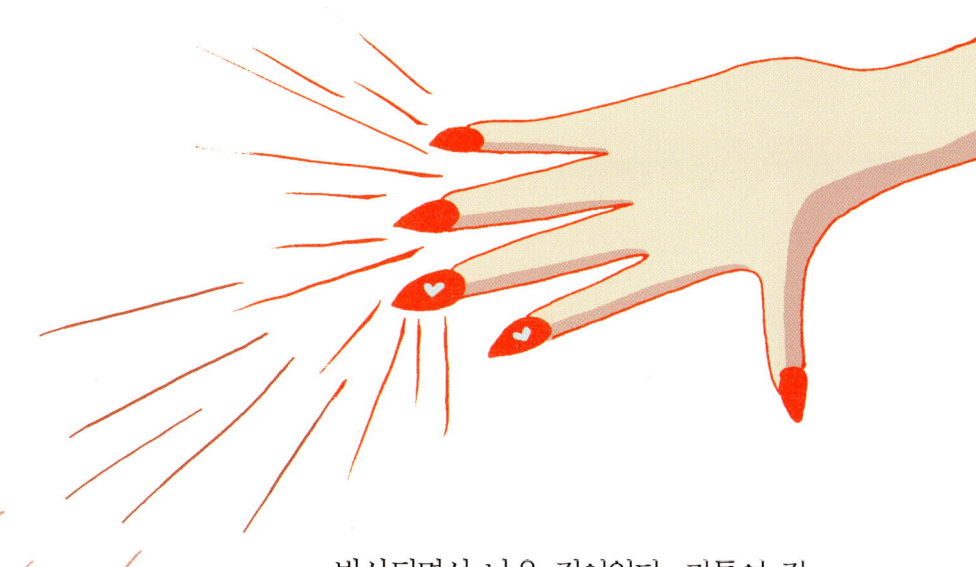

반사되면서 나온 것이었다. 커튼이 걷히고 유리창이 드러나자 밖에 두 줄로 붙어 있던 새 모양의 스티커가 나타났다.

그 순간 우람이는 사진 속에서 봤던 새 모양 스티커, 여자 손톱에 붙어 있던 하트 모양의 큐빅이 차례로 떠올랐다. 학원과 어울리지 않는 이상한 간판과 카드로 여는 문, 들어가지 말라는 초록색 철문도 수상하게 느껴졌다. 머릿속에 군데군데 비어 있던 퍼즐이 조금씩 맞춰지기 시작하면서 우람이는 장수하늘소의 주인이 과외 선생님이라고 확신했다. 하지만 막상 범인이 선생님이라고 생각하니 마음이 복잡했다.

'벤담 아저씨에게 말을 해야 할까? 그러면 선생님은 어떻게 될까? 법을 어겼으니까 감옥에 가고 전과자가 되는 걸까?'

우람이는 늦게까지 잠이 오지 않았다.

다음 날 우람이는 퀭한 눈으로 벤담 아저씨네 야생동물 구조센터로 찾아갔다. 우람이가 건물 안으로 들어가려는 찰나, 헬멧을 쓰고 손에 아이스박스를 든 벤담 아저씨가 밖으로 뛰어나왔다.

"아저씨, 어디 가세요?"

"응, 장수하늘소 주인을 만나러 가는 길이다."

벤담 아저씨 말에 우람이는 눈을 동그랗게 떴다.

"주인을 찾았어요?"

"응, 어젯밤에 주인에게 쪽지가 왔어. 너도 같이 갈래?"

"그, 글쎄요."

선생님과 마주칠 것을 생각하니 우람이는 선뜻 대답이 나오지 않았다.

"너도 장수하늘소 보고 싶다고 했잖아. 같이 가자."

쭈뼛거리던 우람이는 결국 벤담 아저씨를 따라 나섰다.

"그런데 진짜 천연기념물이면 어떻게 되는 거예요?"

우람이가 걱정스러운 표정으로 물어봤다.

"법대로라면 천연기념물을 마음대로 잡으면 징역이나 벌금형을 받게 되지."

"징역형이오?"

징역이란 말에 우람이는 가슴이 철렁 내려앉았다.

"원래는 그렇지. 하지만 진짜 천연기념물이 아닐 가능성이 훨씬 높아. 장수하늘소는 거의 최근 십 년 동안 발견된 적이 없거든."

오피스텔 근처에 오자 우람이는 가슴이 쿵쾅거렸다.

"아저씨 저는 그만 가 볼래요."

선생님과 마주칠 자신이 없었던 우람이는 뒷걸음질을 쳤다.

"여기까지 왔는데 그러지 말고 같이 가자."

우람이는 벤담 아저씨에게 떠밀려 어쩔 수 없이 건물 안으로 들어갔다. 엘리베이터 안엔 이미 여러 사람이 타고 있어 층마다 버튼이 눌려 있었다. 숫자가 올라갈 때마다 우람이의 심장은 더 빨리 뛰었다.

처음부터 과외 선생님이 마음에 들진 않았지만 그렇다고 감옥에 가는 걸 바란 것은 아니었다. 드디어 과외 교실이 있는 3층에 엘리베이터가 멈춰 섰다. 우람이는 눈을 질끈 감았다. 하지만 엘리베이터는 3층을 지나쳐 5층에 멈췄다.

벤담 아저씨가 벨을 누르자 안에서 긴 파마머리를 한 남자가 문을 열었다. 남자의 빨간 매니큐어를 바른 왼쪽 엄지손톱 위에 하트 큐빅이 반짝거렸다. 사진 속 주인공이 선생님이 아니란 걸 확인한 우람이는 안도의 한숨을 쉬었다. 식탁 위 유리 상자 안에 말로만 듣던 장수하늘소가 있었다.

"몸의 색깔로 봐서 이건 천연기념물 장수하늘소가 아니라 그냥 하늘소군요."

돋보기로 상자 안을 유심히 살펴보던 벤담 아저씨가 말했다.

파마머리 남자로부터 하늘소를 발견한 숲으로 다시 보내 주기로 약속을 받은 뒤 벤담 아저씨와 우람이는 밖으로 나왔다.

"며칠 전 뉴스에서 바다로 돌아간 제돌이가 친구들과 놀고 있는 모습을 봤어요. 제돌이도 그렇고 장수하늘소도 그렇고 야생동물을 자연으로 돌려보내는 게 왜 중요한 거예요?"

우람이가 진지하게 물었다.

"숲이 개발되면서 야생동물 수가 점점 줄어들고 있어. 자연에서 생물 한 종이 사라진다는 건 그 종과 연결된 수없이 많은 종이 함께 사라진다는 뜻이지. **자연 생태계가 파괴되지 않도록 보호해 줘야 할 의무는 헌법에도 나와 있단다.**"

"그런데 자연을 보호하는 것과 인간이 살아가는 것과 무슨 관계가 있어요?"

"도시에 살면서 종종 잊고 살지만 인간도 자연의 일부란다. 생명은 그물처럼 연결되어 있어서 자연의 한 부분이 파괴되면 결국 인간에게 그 영향이 미치게 되어 있어. 지금 눈앞의 이익을 위해 자연을 파괴해 버린다면 우리 후손들은 삶의 터전을 잃게 될 거야. 헌법이 자연을 보호하는 까닭은 지금 세대뿐만 아니라 미래 세대까지 인간답게 살 권리를 지켜 주기 위해서야."

집으로 돌아오는 길에 우람이는 과외 선생님이 하늘소의 주인이 아니라서 다행이라는 생각과 함께 문득 초록색 문 뒤에 무엇이 숨어 있을지 궁금해졌다.

6 헌법은 미래 세대를 위한 기본권을 보장한다

인간으로서의 존엄과 가치
- 행복 추구권 -

| 자유권 | 평등권 | 사회권 | 참정권 | 청구권 |

헌법은 인간의 기본권을 보장하고 있어. 기본권은 말 그대로 국민의 기본 권리야. 기본권은 인간의 존엄과 가치 및 행복 추구권이라는 틀 아래에 자유권, 평등권, 사회권, 참정권, 청구권이 있어.

직업이나 종교를 선택할 자유도 헌법에서 보장하는 거네요? 과외를 하지 않을 자유도 마찬가지죠? 이상한 과외는 하기 싫어요….

이모의 웨딩 사진
헌법은 인간의 행복을 위해 살아 움직이는 법이다

동아리 동영상 대회를 앞두고 동아리 아이들은 팀을 나눴다. 우람이가 속한 팀은 기정이와 다른 피해자 가족을 찾아다니며 인터뷰 영상을 찍었고, 지수가 속한 팀은 화학 제품 사용에 대한 설문 조사와 캠페인 활동 영상을 찍었다.

동아리 활동이 다시 시작됐지만 팀이 달라 지수와 우람이가 마주칠 일은 별로 없었다. 그래서인지 둘 사이는 여전히 어색했다. 수업을 마치고 동아리 교실 앞을 지나가던 우람이는 혼자 남아서 뭔가를 만들고 있는 지수를 봤다. 그냥 지나칠까 망설이다 교실

문을 열고 들어갔다.

"뭐해?"

"내일 설문 조사 때 쓸 팻말을 만들고 있었어."

지수가 대답을 하고 난 뒤 둘 사이에 또 어색한 시간이 흘렀다.

"여기 있는 동그라미만 자르면 되는 거야?"

어느새 둘은 나란히 책상 앞에 앉아 가위질을 했다.

"그런데 너 어떻게 기정이 얘기로 동영상 만들 생각을 했어?"

지수가 우람이를 쳐다봤다.

"전에 기정이네 가족사진을 본 적이 있어. 지금은 하늘나라에 간 기정이 동생이 기정이랑 아빠 엄마랑 활짝 웃고 있는 모습을 보니까 기분이 이상했어. 우리 엄마가 그러는데, 우리 집도 가습기 살균제를 샀었대."

"정말? 그래서 너희 집도 살균제를 썼어?"

지수의 눈이 커졌다.

"아니. 우리 집은 가습기가 고장 나서 살균제를 사 놓고 다 버렸대. 만약 그때 가습기가 고장이 안 났다면 우리 집도 기정이 가족처럼 됐을지 몰라. 그런 생각하니까 무섭기도 하고 화도 났어."

"그랬겠다. 어제 뉴스에서 피해자 가족들이 시위하는 걸 봤는데, 생각보다 피해자가 많은가 봐."

"사망자가 1000명이 넘고, 피해자 수도 6000명이 넘는대. 그런데도 법이 정한 기준에 맞지 않는다고 보상을 안 해 줘서 치료를 못 받는 가족이 많대."

"진짜 이상한 법인 것 같아."

"응, 이번 기회에 엉터리 법이 싹 바뀌었으면 좋겠어."

"우아, 고우람 너 그러니까 꼭 국회의원 같다. 그런데 법도 고칠 수 있나? 법은 한번 만들어지고 나면 안 바뀌는 거 아니야?"

지수가 고개를 갸우뚱거렸다

"글쎄. 그러고 보니 법이 바뀐다는 말은 못 들어 본 것 같아."

우람이도 고개를 갸우뚱거렸다.

"그건 그렇고 우리 이렇게 가위질하고 있으니까 유치원 다닐 때 인형 놀이 하던 거 생각난다. 그치?"

"박지수, 누가 들으면 우리가 할머니인 줄 알겠다."

우람이와 지수 둘은 오랜만에 깔깔거리며 웃었다.

그사이 아이들이 찍은 영상들이 속속 도착하고, 우람이는 며칠 밤을 고생해 편집을 하고 동영상을 완성했다. 완성된 영상을 돌려 보는데 문득 기정이 생각이 났다. 우람이는 기정이에게 메시지와 함께 동영상을 전송했다.

다음 날 아이들이 동아리 방에 모였다.

"마감 시간까지 얼마 안 남았어. 제목 빨리 정해야 해. 어떤 게 좋을까?"

우람이 말에 여기저기서 다양한 의견이 쏟아졌다.

"'기정이 가족의 눈물'로 하면 어때? 기정이 가족 때문에 만들게 된 거니까."

"요즘 살충제나 세제 같은 걸 너무 많이 쓰니까 '화학 제품 그것이 알고 싶다'로 해도 좋을 것 같아."

"고우람, 너는 뭐 생각한 것 없어?"

보라가 우람이를 쳐다봤다.

"음, '희정이의 선물'로 하면 어때? 우리가 만든 영상을 보고 많은 사람이 관심을 갖게 되고, 피해자 가족들이 도움을 받을 수 있게 된다면 진짜 희정이가 준 선물이 되는 셈이니까."

우람이 말에 지수가 박수를 쳤다.

"난 '희정이의 선물'에 한 표."

"나도."

"나도 좋아."

그때였다. 운동장 밖으로 오토바이 소리가 들리는가 싶더니 교실 문을 열고 피자 배달원이 양손 가득 피자를 들고 나타났다.

"누구 피자 주문한 사람?"

우람이가 주위를 둘러봤다.

"주문은 안 했어도 먹을 수는 있는데."

현태가 능글맞게 웃었다.

"어떤 아주머니가 가게에 와서 주문하고 갔어. 여기 쪽지가 있던데."

우람이가 피자 박스에 위에 붙은 쪽시를 떼서 읽었다.

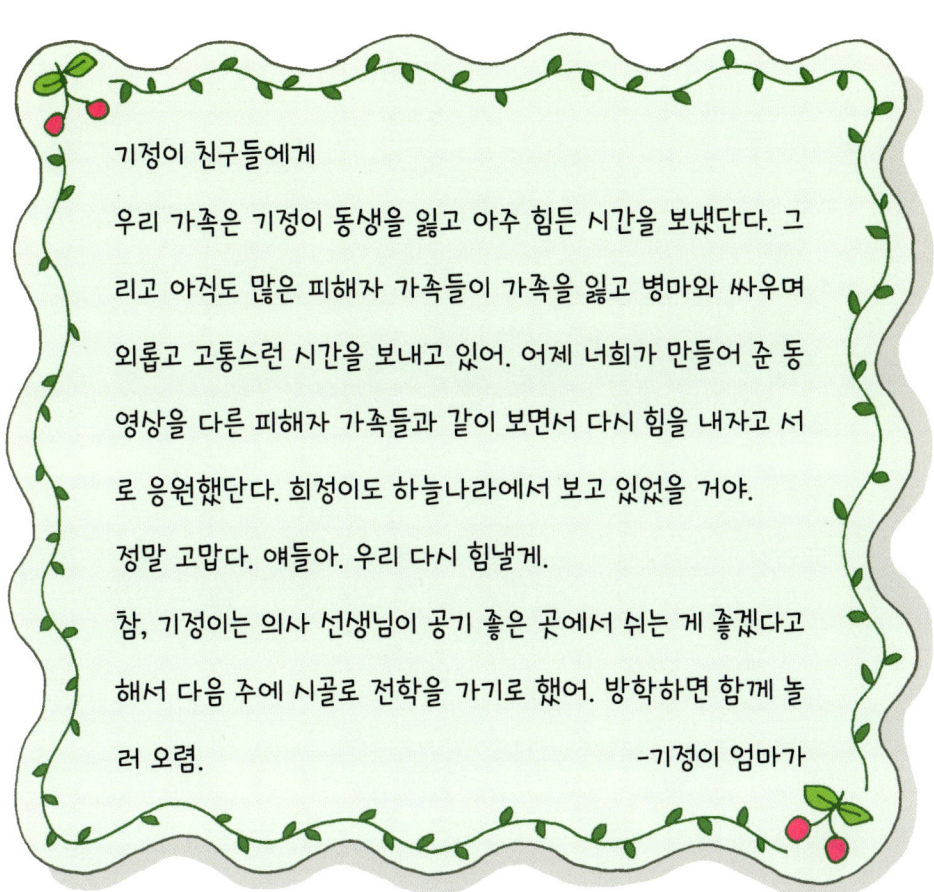

기정이 친구들에게

우리 가족은 기정이 동생을 잃고 아주 힘든 시간을 보냈단다. 그리고 아직도 많은 피해자 가족들이 가족을 잃고 병마와 싸우며 외롭고 고통스런 시간을 보내고 있어. 어제 너희가 만들어 준 동영상을 다른 피해자 가족들과 같이 보면서 다시 힘을 내자고 서로 응원했단다. 희정이도 하늘나라에서 보고 있었을 거야. 정말 고맙다. 얘들아. 우리 다시 힘낼게.

참, 기정이는 의사 선생님이 공기 좋은 곳에서 쉬는 게 좋겠다고 해서 다음 주에 시골로 전학을 가기로 했어. 방학하면 함께 놀러 오렴.

-기정이 엄마가

우람이가 편지를 다 읽고 나자 왁자지껄하던 아이들의 표정이 갑자기 진지해졌다. 몇몇 아이는 눈이 충혈되어 있었다. 항상 장난기 가득한 현태도 눈이 빨갛게 변해 있었다.

며칠 뒤 우람이 할머니의 생신날, 큰이모네 가족과 작은이모 가족까지 온 가족이 할머니 집에 다 모였다. 가족끼리 식사를 마치고 할머니 집 거실을 둘러보던 우람이는 벽에 걸린 큰이모와 큰이모부의 결혼사진을 발견했다. 그런데 사진 속 이모와 이모부의 모습은 꼭 얼마 전에 찍은 것처럼 지금 얼굴과 크게 다르지 않았다. 심지어 우람이 부모님 결혼사진보다 더 최근 사진 같아 보였다.

"이모, 결혼사진 속 이모랑 이모부는 왜 이렇게 늙었어요? 우리 엄마보다 먼저 결혼했잖아요."

우람이의 질문에 큰이모가 씩 웃었다.

"거기엔 아픈 사연이 있단다."

"무슨 사연인데요?"

"예전엔 같은 성씨와 본관을 가진 사람끼리는 결혼을 할 수 없었어. 그런 법이 있었거든."

"말도 안 돼요. 결혼을 못하게 하는 법이 세상에 어디 있어요? 같은 성씨와 본관이 왜 문제인 건데요?"

우람이가 입을 씰룩거렸다.

"지금 생각하면 말도 안 되는 법이 분명한데 그땐 그런 법이 있었어. 같은 혈통이기 때문이라나. 그래서 성씨와 본관이 똑같았던 이모랑 이모부는 법적으로는 부부가 될 수 없었지."

"그래서 어떻게 됐어요?"

"너도 알다시피 이모랑 이모부는 지금도 닭살 커플이잖아. 둘이 떨어져서는 도저히 살 수 없겠다 싶어서 가족의 반대를 무릅쓰고 결혼을 했지."

"그럼 지금 이모랑 이모부는 부부가 아니에요?"

우람이의 눈이 커졌다.

"아니, 세상에 본관과 성이 같은 연인이 우리뿐이었겠니? 사랑하는 연인들이 법 때문에 헤어져야 한다는 건 너무 가혹하잖아. 그래서 이 법이 잘못됐다고 생각한 사람들이 헌법 재판소에 판결을 부탁을 했어. 실제로 동성동본의 결혼이 어떤 문제를 일으킨다는 근거도 없었거든. 결국 헌법 재판소에서 이 법이 헌법에 어긋난다고 결론을 내렸어."

"그래서 어떻게 됐어요?"

"아주 가까운 친척만 아니라면 성과 본이 같아도 결혼을 허락하기로 했어. 그래서 이모랑 이모부는 정식 부부가 됐지. 저 사진은 혼인 신고를 하고 나서 기념으로 찍은 사진이야."

"그럼 법도 변할 수 있는 거예요?"

"물론이지. **헌법이 존재하는 이유는 국민이 인간다운 삶을 누리고 행복해지기 위해서야. 그러니까 국**

민의 행복을 위해서라면 법도, 헌법도 변할 수 있단다."

"와, 이모 그러니까 꼭 판사 같아요."

"덕분에 이모도 헌법 공부 좀 했지."

이모가 어깨를 으쓱했다.

# 희정이의 선물
우리의 모든 일상 속에 헌법 정신이 담겨 있다

동아리 대회에는 모두 10개 팀이 참가했고, 본선에는 우람이 팀을 포함한 7개 팀이 올라왔다. 2차 대회는 전교생 투표와 심사위원 평가를 합산해 순위가 결정되는 방식이었는데, 동영상이 올라오자마자 투표가 시작됐다. 7개 팀 중에 댄스 동아리 팀에 '좋아요'가 폭발적으로 많았고 그다음은 콩트 동아리, 그다음이 우람이네 동아리 팀 순서였다. 댄스 동아리 팀엔 텔레비전 오디션 프로그램에 참가했던 연예 기획사 연습생 유라도 끼어 있어 행사 때마다 인기가 많았다. 상대 팀의 영상을 본 아이들은 벌써 주눅이든 것 같았다.

"댄스 동아리 팀 영상 봤어? 완전 아이돌 뮤직비디오 같던데."

"콩트 팀 개그도 진짜 웃겼어."

"미술 동아리 팀에서 그린 벽화도 멋지더라."

"우리 팀 영상이 좀 심심하긴 해. 그치?"

현태의 말에 지수가 째려봤다.

"아, 아니 내 말은 솔직히 인기 있을 주제는 아니잖아."

"아직 투표 마감까지 시간은 많으니까 좀 더 기다려 보자."

아이들 말을 듣고 있던 우람이의 표정이 점점 어두워졌다. 며칠 사이 팀의 등수가 엎치락뒤치락했고, 각 팀 영상에 응원 댓글도 달리기 시작했다. 우람이 팀에도 댓글이 달렸다.

↳ 희정이의 선물, 완전 감동.

↳ 가습기 살균제랑 나랑 무슨 상관. 왕 따분.

↳ 기정아 힘내.

↳ 좋은 건 알겠는데 솔직히 재미는 없음.

↳ 이런다고 누가 알아주나?

댓글을 본 우람이는 점점 자신이 없어졌다. 드디어 2차 투표가 마감됐다. 우승은 댄스 동아리 팀이, 우람이 팀은 콩트 팀에 이어 3등을 차지했다. 나쁜 결과는 아니었지만 광고로 만들어지는 것이 목표였던 우람이에게 1등이 아니면 의미가 없었다.

"우승은 못 했지만 너의 동아리 동영상 정말 감동적이었어."

담임 선생님의 위로에도 우람이의 서운한 마음은 여전했다. 무엇보다 기정이와 약속을 지키지 못한 것이 마음에 걸렸다.

"동아리 핑계 대고 학원 숙제도 안 하더니만, 이제 끝났으니까 게으름 피울 생각하지 말고 공부나 열심히 해."

엄마 말에 우람이는 겨우 참고 있던 감정이 폭발했다.

"엄마는 나한테 공부밖에 할 말이 없어? 우리도 가습기 고장이 안 났으면 기정이 가족처럼 될 수 있었던 거잖아."

우람이는 방문을 쾅 닫고 들어갔다. 울적한 마음에 인터넷 방송을 이리저리 돌려 보던 우람이는 한 방송에서 벤담 아저씨를 발견하고 깜짝 놀랐다. 벤담 아저씨는 한 달 전부터 〈동물 구조대〉라는 제목으로 야생동물에 관한 인터넷 방송을 하고 있었다. 벌써 구독자가 5000명도 넘었다.

다음 날 우람이는 벤담 아저씨를 찾아갔다.

"우람이 왔구나. 동아리 영상 잘 봤다. 감동적이었어."

벤담 아저씨의 눈가가 금세 촉촉해졌다.

"그래도 우승은 못 한걸요. 기정이한테 우승해서 광고로 만들어 주겠다고 약속했는데 다 틀렸어요. 참, 저도 아저씨 영상 봤어요. 인기가 꽤 많던걸요."

"사람들이 야생동물의 습성을 조금만 알고 있어도 소중한 생명을 살릴 수 있을 거란 생각에 방송을 시작했지. 그런데 이렇게 많은 사람이 볼 줄은 몰랐어."

"제 친구들도 많이 구독했어요."

"그래? 참, 지난주부터는 야생동물 체험 카페에 살고 있는 동물들 방송을 시작했어."

"지난번 갔던 라쿤 카페 같은 데 말이에요?"

"그래. 방송이 나가고 수천 개의 댓글이 달리기 시작하더니 며칠 뒤엔 한 시민 단체에서 야생동물 카페의 환경을 바꾸는 법을 같이 만들어 보자고 연락이 왔더구나. 혼자서 카페 주인들을 찾아다니며 설득하고 바꾸려고 할 땐 일이 꼬이기만 하더니 여러 사람들이 함께 지지해 주니까 생각보다 일이 쉽게 풀렸어."

"사람들 의견이 모이면 새로운 법이 만들어지기도 하는군요."

"그렇지. 사람들의 눈 하나하나가 블랙박스가 되서 우리 일상에서 일어나는 부당한 일들을 밝혀내고 하나씩 고쳐 간다면 헌법은 계속해서 지금보다 더 발전할 거야."

벤담 아저씨의 말을 듣는 순간 우람이 머릿속에 〈희정이의 선물〉을 다시 살릴 수 있는 방법 하나가 생각났다. 집에 오자마자 우람이는 엄마에게 동아리 동영상을 인터넷 방송으로 만들고 싶다고 얘기했다.

"딸, 어젠 엄마가 좀 심했어. 미안. 대신 영상은 엄마가 한번 고쳐 볼게. 그럼 한때 잘나가던 웹 디자이너께서 오랜만에 실력 발휘 좀 해 볼까?"

엄마의 편집 솜씨가 더해진 영상에 봉사 동아리 친구들의 취재 후기까지 더해져서 방송은 훨씬 볼거리가 풍성해졌다. 처음에 별 반응이 없던 방송은 일주일, 한 달이 지나면서 조회 수와 구독자 수가 점점 늘어 갔다.

어느 날 학교 동아리 방으로 한 방송사에서 취재를 온 뒤 〈희정이의 선물〉은 저녁 뉴스에도 방송됐다.

"우람아, 얼른 와서 이것 좀 봐."

커피를 마시며 저녁 뉴스를 보던 엄마가 우람이를 불렀다.

"나, 공부하는 거 안 보여?"

우람이가 거들먹거리며 말했다.

"빨리 와 보라니까. 공부보다 더 중요한 거야."

뉴스 화면에 봉사 동아리 친구들이 화학 제품 사용에 관한 설문 조사를 하는 장면과 우람이가 코에 줄을 꽂은 아이와 함께 책을 읽는 모습이 나왔다.

"한 초등학교의 학생들이 만든 영상이 인터넷을 뜨겁게 달구고 있습니다. 이 학생들은 가습기 살균제 피해자였던 친구가 질병의 종류에 따라 보상을 제한하는 규정 때문에 치료를 받지 못하는 안타까운 사연을 알려 무한 공감을 얻고 있는데요. 그럼 이 영상을 본 나답게 국회의원님과 말씀을 나눠 보겠습니다. 의원님, 한 말씀 부탁드립니다."

기자가 국회의원 배지를 단 남자에게 마이크를 넘겼다.

"존경하는 국민 여러분, 안녕하십니까. 나답게입니다. 질병에 따라 보상을 차별화한다는 것은 인간의 존엄성을 최우선 가치로 여기는 헌법 정신에 어긋납니다. 그래서 저는 가습기 살균제 피해자가 질병 종류에 상관없이 모두 보상 받을 수 있는 '희정이 법'을 발의하려고 합니다."

뉴스를 지켜보던 우람이와 우람이 엄마는 환호성을 질렀다.

우람이는 소식을 알리려고 벤담 아저씨네 야생동물 구조센터로 달려갔다. 하지만 벤담 아저씨는 없고, 청솔모와 산비둘기가 있던 케이지도 텅 비고, 입원실에 있던 고양이 모녀도 보이지 않았다. 책상 위에 다알봇만 덩그러니 놓여 있을 뿐이었다. 우람이가 다알봇의 머리를 쓰다듬자, 갑자기 다알봇의 전원이 켜지고 음성이 나왔다.

"고우람에게 남긴 음성 메시지 한 개. 듣고 싶으면 머리 위의 버튼을 길게 한 번 눌러 주세요."

우람이가 버튼을 누르자 벤담 아저씨 목소리가 흘러나왔다.

"우람아, 방금 뉴스 들었다. 정말 자랑스럽구나. 어른들도 해내지 못한 일을 우람이와 친구들이 해낼 수 있었던 건 헌법의 정신을 이해하고, 국민으로서 가져야 할 권리를 당당하게 요구했기 때문이란다. 직접 만나서 축하해 주고 싶었는데 긴급 출동할 일이 생겨서 말이야. 아프리카 사막에서 불법으로 포획된 사막여우를 원래 살던 사막에 돌려주러 가는 길이야. 이번엔 제법 오래 걸릴 것 같구나. 참 그리고 우람이 네가 구해 준 고양이 모녀는 어제 입양됐단다. 내가 돌아올 때까지 궁금한 게 있으면 다알봇에게 물어보렴."

스피커에서 나오는 목소리를 들으니 벤담 아저씨가 바로 곁에 있는 것 같았지만 고양이 모녀가 지내던 입원실이 비어 있는 걸 보니 왠지 허전했다. 그때 다알봇이 저절로 켜졌다.

"우리의 모든 일상 속에 헌법 정신은 살아 있다."

"다알봇, 너도 벤담 아저씨처럼 헌법 이야기야?"

우람이가 다알봇 머리를 쓰다듬자 다시 불이 들어왔다.

"라고 벤담 구조대장님이 말씀하셨습니다. 삐리삐리."

최대 다수의 최대 행복을 꿈꾸던 법학자
제러미 벤담

배재대학교 명예교수 서정욱

1. 제러미 벤담의 생애

세 살 때 라틴어를 읽으며 천재성을 발휘하다

벤담의 아버지는 오늘날 영국의 보수당인 토리당의 든든한 후원을 받았던 아주 유명한 변호사였습니다. 부유한 가정에서 태어난 벤담은 아버지 덕분에 어릴 때부터 많은 책을 쉽게 접할 수 있었지요. 아버지의 교육열도 높아서 벤담은 아이용 의자에 앉아 아버지 책상에 있는 아주 두꺼운 영국 역사책을 읽기 시작했습니다. 세 살 때부터 어려운 라틴어를 읽기 시작하면서 그는 영국이 알아주는 천재로 이름을 날렸습니다. 벤담의 천재성은 음악에서도 나타났는데, 어릴 때 바이올린을 배우기 시작한 벤담은 일곱 살 무렵에는 저녁 만찬에 헨델의 소나타를 연주할 정도였지요.

벤담은 일곱 살에 웨스트민스터 수도원 안에 있는 웨스트민스터 공립학교에 다른 또래 아이와 함께 입학합니다. 하지만 열두 살에 영국이 자랑하는 옥스퍼드대학교에 들어간 사람은 벤담뿐이었어요. 벤담은 6년 후, 열여덟 살에 석사 학위를 받고 옥스퍼드대학교를 졸업합니다. 최고의 학교를 졸업했지만, 벤담에게 1966년은 기쁨보다 아픔이 더 큰 한 해였습니다. 사랑하는 어머니가 세상을 떠났기 때문이지요. 벤담에게는 여섯 명의 형제가 더 있었지만 모두 어린 시절에 죽고 아홉 살 어린 남동생 하나만 있었습니다. 남동생은 훗날 영국을 대표하는 유명한 기계 기술자이자 선박 공학자인 사무엘 벤담입니다.

벤담은 형제들을 잃은 것도 모자라 어머니마저 세상을 떠나자 큰 상실감에 빠졌지만, 아픔을 뒤로 하고 법학대학원에 들어가 변호사가 되기 위해서 공부에 열중했습니다. 벤담은 우여곡절 끝에 3년 후 변호사 자격을 취득합니다. 그런데 변론을 맡은 몇 번의 재판에서 번번이 패소하고 맙니다. 훌륭한 변호사가 될 것을 기대하던 아버지의 실망감은 이만저만이 아니었지요.

사실 벤담은 변호사 일에는 별로 관심이 없었습니다. 그 이유는 바로 영국의 법 때문이었습니다.

영국의 법을 비판하다

법은 무엇일까요? 우리는 법이란 말을 생각하면 가장 먼저 처벌을 떠올립니다. 그렇습니다. 법과 처벌은 떼려야 뗄 수 없는 관계입니다. 어쩌면 법을 만드는 이유는 정당한 처벌 때문일 수도 있습니다. 그런데 벤담이 살던 당시 영국에서는 법이 정당한 처벌을 하는데 아무런 도움이 되지 못했습니다.

영국의 법은 '불문법'입니다. 불문법이란 정해진 법 규정이나 규칙이 없이 지금까지 진행된 법원 재판의 사례, 즉 판례를 중심으로 재판을 하는 것입니다. 이렇게 정해진 법 규정이 없다 보니 재판마다 혹은 재판관마다 판례를 적용하는 기준이 모두 달랐습니다. 그뿐만 아니라 법학대학원의 수업에서도 교수님마다 판례를 다르게 설명하기 일쑤였습니다.

정확하게 명시된 법 규정이 있으면 교수님들이 저마다 규정을 다르게 이해하거나 적용하여 설명하지는 않았을 거예요. 하지만 판례를 중심으로 교수님이 강의하기 때문에 교수님마다 같은 재판도 다르게 설명을 하게 되는 것이지요. 예를 들어서 '남의 물건을 훔친 사람은 곤장 100대를 맞는다'는 판례가 있다면, 아주 귀중한 물건을 훔친 사람이나 하찮은 물건을 훔친 사람이나 같은 법이 적용되는 거예요. 당하는 사람의 입장에 따라서 충분히 억울한 일이 생길 수 있겠지요. 벤담은 바로 이 지점에서 영국 법에 큰 실망을 하고 새로운 법이 필요하다고 주장합니다.

한 사람만 사는 사회에서는 법이 필요 없습니다. 법은 여러 사람이 함께 살 때 필요합니다. 그리고 법을 어긴 사람에게 처벌을 하는 이유도 여러 사람이 행복하기 위해서입니다. 법을 집행함에 있어서 누군가 억울한 사람이 있으면 안 된다고 벤담은 생각했습니다. 이렇게 법이 처벌을 잘못하면 사람은 불행해집니다. 그렇기 때문에 벤담은 법으로 모든 사람이 다 행복해질 수 있는 방법을 찾고자 노력했습니다.

도덕과 윤리도 법만큼 강제성을 가져야 한다

벤담에게 아버지만큼 영향을 준 사람은 프랜시스 허치슨입니다. 허치슨은 글래스고대학교 철학과에서 도덕과 윤리학을 가르치는 유명한 교수님이었습니다. 사람은 살아가면서 선과 악이라는 두 가지 문제로 고민합니다. 그리고 법도 이 선과 악 때문에 생겼을 것입니다. 허치슨은 선은 행복이고, 곧 쾌락이라고 설명합니다. 반대로 악은 불행이고, 고통이라고 보았습니다.

벤담은 허치슨 교수님의 생각에 깊이 공감했습니다. 사람들이 도덕이나 윤리를 배우는 가장 큰 이유는 바로 이 선과 악을 구별하고 행복하게 살고 싶기 때문입니다. 하지만 도덕이나 윤리는 무엇이 선이고 무엇이 악인지 법처럼 명확하게 구별하지 못합니다. 만약 선이 무엇인지 정확하게 알면 사람은 그 선을 통해 쾌락을 누리면서 행복한 삶을 살 수 있습니다. 반대로 악이 무엇인지 확실히 구별할 수 있다면 고통을 멀리하고 불행에서 벗어날 수도 있습니다.

벤담은 바로 여기서 도덕과 윤리도 법 규정처럼 사회에서 보다 강하게 적용되어야 한다고 주장합니다. 사회에서 도덕과 윤리를 강하게 적용하면 선과 악도 정확하게 구별할 수 있다고 보았기 때문입니다. 그리고 이런 생각을 영국의 법에 반영해야 한다고 주장했습니다. 그러면 모든 사람은 쾌락을 즐기면서 행복하게 살 수 있을 테니까요.

벤담은 자신이 죽을 때 어떤 하인도 자신이 죽는 모습을 보지 못하게 했습니다. 누군가의 죽는 모습을 보는 것은 고통이라고 생각했기 때문이에요. 어떤 이유로든 남에게 고통을 줘서는 안 된다고 생각한 벤담은 1832년, 자신의 비서의 품에 안겨 조용히 세상을 떠났습니다.

2. 제러미 벤담의 업적

공리주의를 영국 사회에 도입하다

철학사에서 벤담을 영국의 공리주의자라고 합니다. 무슨 뜻일까요? 공리주의는 무엇이며, 또 영국의 공리주의는 무엇일까요? 우리가 사는 사회에 도덕과 윤리가 필요한 것은 나를 위한 것일까요, 아니면 다른 사람을 위한 것일까요? 그렇습니다. 도덕과 윤리는 나를 위한 것이 아니라 남을 위한 행동입니다. '내가 이렇게 행동하면 옳은 행동일까?' '나는 이런 행동을 해도 좋을까?' 하고 생각하는 건 다른 사람을 먼저 생각하기 때문입니다.

내가 이렇게 생각하는 것을 '이론'이라고 한다면, 그 생각대로 내가 행동하는 것은 '실천'입니다. 즉, 도덕이나 윤리는 내가 알고 있는 이론을 실천으로 옮길 때 필요한 것입니다. 이런 도덕 혹은 윤리에 관한 생각은 영국을 비롯한 서양의 여러 나라 철학자들이 오래전부터 생각해 오던 것이었습니다.

하지만 벤담이 주장한 공리주의는 조금 다릅니다. 나의 실천에서 한 걸음 더 나아가 다른 사람에게 미치는 영향까지 생각하는 것이 바로 공리주의입니다. 내가 한 행동이 다른 사람에게 행복을 주면 그것은 옳은 행동이고, 반대로 다른 사람이 불행하면 잘못된 행동이라는 것이 공리주의의 도덕과 윤리입니다. 특히 벤담은 나의 행동이 다른 사람의 행복과 불행에 미치는 영향에 따라 '옳다' 혹은 '그르다'를 결정한다고 보았습니다.

벤담의 이런 생각을 정리하면 행동하는 나는 다른 사람에게 선, 쾌락, 그리고 행복을 주어야 합니다. 또한 행동하는 나는 다른 사람의 악, 고통, 그리고 불행을 막아 줄 의무를 갖고 있습니다. 철학에서는 벤담의 이런 생각이 바로 공리주의라고 얘기합니다.

동물 보호법을 만들다

오늘날 우리가 옛날 사회를 돌아보면 왕이나 지도자들이 잘못한 일이 참 많습니다. 하지만 그 당시 사람들은 무엇이 잘못된 것인지 잘 몰랐습니다. 영국 사회도 마찬가지입니다. 왕이나 정치인들이 참 많은 잘못을 저지르고 살았지만 영국 사람들은 잘 모르고 살았죠.

벤담은 이 모든 것은 영국의 법이 잘못되었기 때문이라고 생각했습니다. 법만 바꾸면 영국 사회는 더 좋아질 거라고 믿었습니다. 특히 벤담이 바꾸고 싶었던 법은 다음과 같습니다.

가장 먼저 '동물 보호법'입니다. 벤담은 그의 책 《도덕과 입법 원리 서설》에서 다리의 수나 몸에 털이 있고 없는 것으로 동물을 구별하는 시기는 지났다고 주장합니다. 그뿐만 아니라 인간은 언어와 생각하는 능력으로 동물과 구별된다고 하지만, 다 자란 말이나 개는 한 달 정도밖에 안 된 아기보다 이성적이 판단력이 훨씬 뛰어나다고 주장합니다. 동물도 사람처럼 감각과 생각을 갖고 있고, 사람처럼 아파하고 고통을 느끼기도 합니다. 하지만 그 당시 사람들은 그렇게 생각하지 않았습니다. 동물은 사람을 위해서 존재한다고 믿고 있었던 것이지요.

벤담은 바로 이런 생각을 바꾸어야 한다고 주장합니다. 법으로 동물을 보호하지 않으면, 동물은 계속 고통 속에 살다 죽어야 한다는 것이 벤담의 생각입니다. 아마도 벤담은 세상에서 가장 먼저 동물 보호법을 주장한 사람일 것입니다.

다음으로 벤담은 여성에게도 정치에 참여할 기회나 투표를 할 수 있는 참정권을 주자고 주장하였습니다. 벤담은 남성이나 여성이나 모두 같은 인권을 갖고 있기 때문에 남성과 여성을 구별해서는 안 된다고 생각했습니다.

그 외에도 벤담은 언론의 자유를 주장합니다. 당시 귀족들은 그들만의 세상에 살고 있었습니다. 그들의 잘못이나 비리에 대해서 일반 시민이 아는 것도 아주 싫어했지요. 벤담은 계급과 관계없이 한 구성원에 속해 있는 사람은 모든 것을 알 권리가 있다고 믿었습니다. 그래서 무엇보다 언론의 자유가 중요하다고 보았습니다.

벤담이 당시에 주장한 것들을 보면, 오늘날 사회에서도 이루어지지 않는 것이 많습니다. 벤담은 그만큼 급진적인 철학자이자 법학자였던 것이지요.

3. 제러미 벤담으로부터 배울 점

법은 체벌이 아니라 가르침이 목적이다

우리가 살아가는 사회에서 법은 꼭 필요합니다. 그리고 법을 어긴 사람은 벌을 받아야 합니다. 법은 죄를 지은 사람을 처벌함으로서 다른 효과도 볼 수 있습니다. 처벌 받는 모습을 본 다른 사람이 더 이상 죄를 짓지 못하게 하는 것이죠.

벤담은 도덕과 윤리를 어겨도 법처럼 사회적으로 강하게 벌을 적용하자고 주장합니다. 그렇다면 벤담이 주장하는 것은 다른 사람에게 불행을 준 사람도 처벌하자는 것인데, 당시 영국에서는 죄지은 사람을 처벌할 수 있는 방법이 많지 않았습니다. 심지어 죄지은 사람을 한곳에 모아 새로운 사람이 되도록 가르치는, 즉 오늘날로 이야기하면 감옥도 없었어요.

벤담은 여기서 교화 시설의 필요성을 강조합니다. 법의 목적은 지은 죄에 대해서 체벌이나 벌을 주는 것이 아니라 다시는 법을 어기지 않게 잘 가르치는 것이라고 벤담은 생각했습니다.

사람은 어쩔 수 없는 상황에서 법을 어길 수 있습니다. 또 나의 행동이 남에게 불행이나 고통을 줄 수도 있습니다. 이때마다 벌을 받아야 한다면, 그것은 좋은 제도가 아닙니다. 그래서 벤담은 벌보다 가르침으로 법을 다시 어기지 못하게 해야 한다고 주장합니다.

파놉티콘을 계획하다

옛날에는 오늘날과 다르게 죄를 지은 사람에게 벌을 준 다음 그냥 풀어 주었습니다. 그렇게 하는 것이 교화를 목적으로 한곳에 감금하는 것보다 훨씬 편하고 다른 사람에게 경각심을 주기에 더 효과적이라고 생각했기 때문입니다. 그래서 당시에는 많은 사람을 모아 놓고 공개적으로 매질을 하거나 사형을 시켰습니다. 그것을 보는 사람이 공포를 느끼고 죄를 짓지 않게 하기 위해서였지요.

영국도 예외가 아니었습니다. 벤담은 이런 법을 강하게 비판합니다. 법의 목적은 죄지은 사람을 처벌하는 것이 아니기 때문입니다. 하지만 영국 정부에서는 그렇게 많은 사람을 교화시킬 장소도 없고, 감시할 사람도 없다며 벤담의 주장을 받아들이지 않았습니다. 바로 여기서 벤담은 하나의 새로운 교화 시설을 주장합니다. 그것은 바로 원형 감옥인 '파놉티콘'입니다.

벤담은 자신의 책 《파놉티콘》에서 어떻게 죄인을 감시하며, 어떻게 교화시킬 것인가에 대해서 아주 자세하게 설명하고 있습니다. 원형 감옥으로 불리는 파놉티콘은 '한 번에 모든 것을 볼 수 있다'는 의미를 갖고 있습니다. 파놉티콘의 구조는 가운데 원형 탑을 세우고 그 주위로 둥글게 죄인을 수감하는 감옥을 만듭니다. 그러면 원형 탑 안에서 모든 감옥을 감시할 수 있게 되는 것이지요. 감시인 한 사람만 있으면 아무리 많은 죄인이라도 다 감시할 수 있을 뿐만 아니라 교화도 가능하다는 것이 벤담의 주장이었어요. 국가는 한 사람의 죄인도 더 이상 죄를 짓지 못하게 막아야 한다는 벤담의 이런 생각이야 말로 우리가 배워야 할 점입니다.

최대 다수의 최대 행복으로 모든 사람의 행복을 꿈꾸다

벤담을 법학자나 정치학자로 보지 않고 철학자로 보는 가장 큰 이유는 1789년에 발표 한 그의 책《도덕과 입법 원리 서설》때문입니다. 벤담의 아버지는 벤담이 대법관이 되기를 바랐습니다. 벤담도 아버지의 뜻에 따라 대법관을 꿈꾸었지만 법을 공부하면 할수록 법에 너무나 많은 모순과 잘못이 있다는 것을 알게 됩니다. 대법관이 되기 위해서는 잘못된 법부터 고쳐야 한다고 생각했습니다. 그래서 벤담은 도덕과 윤리를 기반으로 하는 법 규정을 생각했습니다. 그렇게 해서 발표한 책이 바로《도덕과 입법 원리 서설》입니다. 이 책에는 우리가 너무나 잘 알고 있는 벤담의 사상이 다 들어 있습니다.

그중 가장 대표적인 사상은 '최대 다수의 최대 행복'입니다. 벤담은 1785년 유일하게 남아 있던 동생 사무엘을 만나기 위해서 러시아로 갑니다. 당시 사무엘은 러시아 군대에서 엔지니어로 근무하고 있었습니다. 그런데 벤담은 사무엘을 만나기 위해서 바로 러시아로 가지 않고 이탈리아와 터키를 거쳐 갔습니다. 그리고 러시아에서 돌아와《도덕과 입법 원리 서설》을 출판합니다. 처음 이 책을 출판할 때 벤담은 '공리의 원리'라는 단어를 사용했지만, 나중에 재판을 하면서 '최대 행복의 원리'라고 했습니다. 이 원리가 바로 우리가 알고 있는 '최대 다수의 최대 행복' 이론입니다.

이 원리를 누가 가장 먼저 얘기했는지는 잘 모릅니다. 오래전부터 이 이론에 대한 얘기가 있었기 때문입니다. 그런데 벤담은 동생을 만나러 가는 길에 먼저 들른 이탈리아에서 유명한 법학자 베카리아를 만났고, 그의 영향을 받습니다. 베카리아도 '최대 다수의 최대 행복'이라는 말을 했고, 산소를 발견한 것으로 알려진 영국의 화학자이자 사상가인 프리스틀리도 이 말을 했다고 합니다.

중요한 것은 벤담은 《도덕과 입법 원리 서설》에서 '최대 다수의 최대 행복' 원리를 통해 나의 행동이 다른 사람의 행복으로 이어지길 바랐습니다. 그리고 사람들이 남에게 행복을 주는 것이 곧 나의 행복으로 직결되는 것임을 알기 원했습니다.

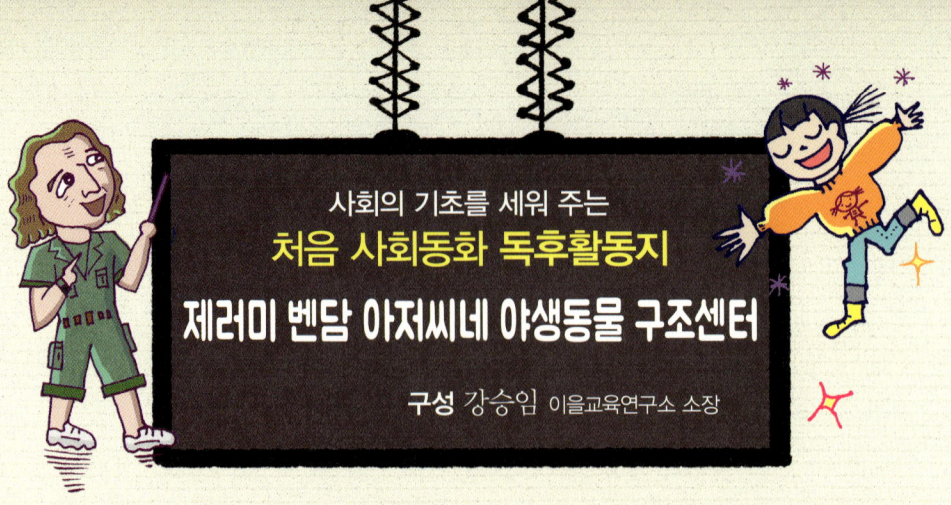

사회의 기초를 세워 주는
처음 사회동화 독후활동지

사회는 여럿이 모여 함께 살아가는 모든 형태의 인간 집단을 가리킵니다. 그리고 사회는 어린이들에게는 어려운 교과목이기도 합니다. 그런데 사회 교과를 잘 들여다보면 내가 속해 있는 사회의 이야기를 다루고 있다는 것을 알 수 있어요. 사회 구성원으로 살면서 꼭 알아야 하는 것들이지요. 사회 현상과 개념을 알기 쉽게 설명한 〈처음 사회동화〉를 읽고 독후활동지를 풀어 보세요. 바른 시민 의식을 가진 시민으로 성장하는 데 필요한 요소를 갖추고, 꼭 알아야 할 사회 개념을 관련 분야 주요 인물의 업적을 통해 알아보는 좋은 계기가 될 거예요.

〈사회의 기초를 세워 주는 처음 사회동화 독후활동지〉는 이렇게 구성돼요.

I. 사회의 기초 알아보기 동화 내용의 이해

동화 각 장의 소제목이기도 한 우리 사회의 주요 헌법 개념을 점검해 보고, 동화 속에는 그 내용이 어떻게 적용되었는지 적어 보면서 개념을 익힙니다.

II. 사회성 다지기 이해와 비판

동화를 통해 익힌 헌법 개념을 친구들과 토론해 보고 글로 써 보며, 생각을 넓히고 동화 속에서 느낀 점을 자신의 경험과 맞물려 표현하는 능력을 키웁니다.

III. 인물 탐구 - 제러미 벤담

부록의 내용을 바탕으로 제러미 벤담의 삶을 이해하고, 제러미 벤담의 삶에서 오는 교훈이 우리 생활에 어떤 도움이 되는지 적어 보며 논리적 사고를 키웁니다.

학부모 및 교사용 도움말

교과연계	〈3학년 1학기 국어㉮〉 5. 내용을 간추려요
	이야기 속의 내용을 정확히 이해하자.
	〈3학년 1학기 국어㉯〉 7. 아는 것을 떠올리며
	이야기를 읽고 난 뒤 배운 점을 떠올리며 정리해 보자.
	〈4학년 1학기 국어㉯〉 7. 의견과 근거
	인물의 주장을 떠올리며 적절한 의견과 근거를 제시한다.
	〈5학년 1학기 국어㉮〉 1. 인물의 말과 행동
	인물의 삶을 들여다보며 배울 점을 찾는다.

I. 사회의 기초 알아보기 동화 내용의 이해

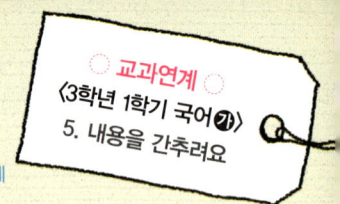

《제러미 벤담 아저씨네 야생동물 구조센터》 본문에는 각 장마다 제러미 벤담이 어린이 여러분에게 전하고자 하는 헌법의 개념을 소제목으로 적어 두었어요. 동화 내용을 다시 한번 떠올려 보며 아래 질문에 답해 보세요. 적는 동안 자연스럽게 헌법이 무엇인지 알게 될 거예요.

1. 벤담 아저씨는 우람이에게 헌법의 개념과 역할, 의미에 대해 들려주었어요. 벤담 아저씨가 말하는 헌법은 무엇인가요? 또 헌법이 기본적으로 보장하는 권리가 무엇이라고 했나요?

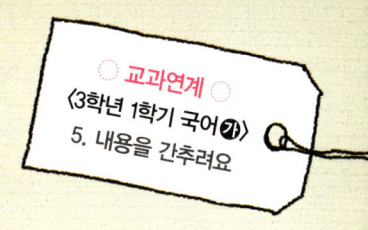

2. 벤담 아저씨가 우람이에게 《마그나 카르타》를 권한 이유는 무엇인가요? 《마그나 카르타》가 만들어진 이유는 무엇인지 써 보세요.

_____
_____
_____
_____
_____
_____
_____
_____
_____
_____
_____
_____
_____
_____
_____
_____

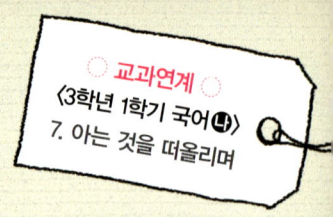

3. 벤담 아저씨는 자유 게시판에 올라오는 글들이 마음에 안 든다고 마음대로 삭제해서는 안 된다고 말합니다. 그 이유는 무엇인가요?

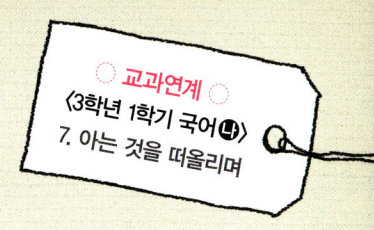

4. 벤담 아저씨는 동물 카페에서 어떤 점에 분노하여 주인에게 항의했나요?

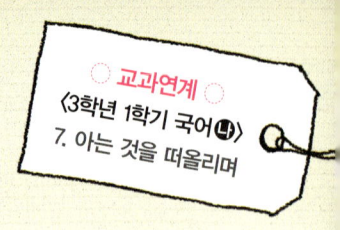

5. 가습기 살균제 피해자 가족들이 거리로 나와 시위를 하는 이유는 무엇인가요?

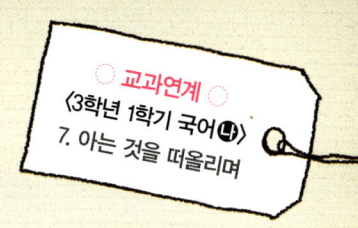

6. 벤담 아저씨는 헌법에 자연 생태계를 보호할 의무가 나와 있는 이유가 무엇이라고 했나요?

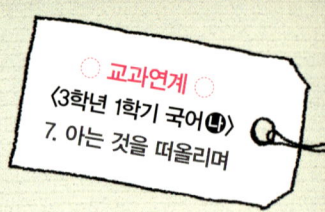

7. 헌법이나 법은 어떤 원칙과 기준에 의해 변할 수 있나요?

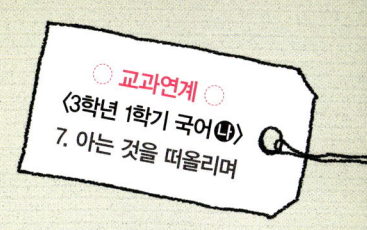

8. 벤담 아저씨가 마지막에 남긴 '우리의 모든 일상 속에 헌법 정신은 살아 있다'는 말이 무슨 뜻일까요?

II. 사회성 다지기 이해와 비판

> 교과연계
> 〈4학년 1학기 국어 ④〉
> 7. 의견과 근거

앞에서 살펴본 동화 내용을 바탕으로 사고를 확장시키고 아래 문제들을 친구들과 함께 토론해 보세요. 나와는 다른 다양한 입장과 해결 방안이 있다는 걸 깨닫게 될 거예요.
또한 동화를 읽고 느낀 점을 자신의 경험과 연결하여 글로 써 보세요. 나를 더 잘 표현할 수 있는 좋은 연습이 될 거예요.

【친구들과 토론해 봐요】

1. 개인의 신념이 히틀러와 같은 독재자를 따르는 것이라면 이것도 헌법에 의해 보장되어야 하는 자유에 속한다고 생각하나요? 찬반 의견을 토론해 보세요.

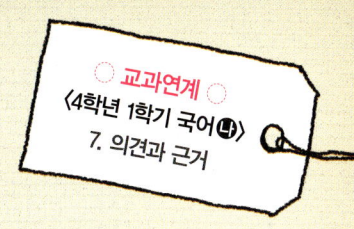

2. 이미 노인이 된 나치 전범을 처벌하는 문제에 대해 어떻게 생각하나요? 찬반 의견을 나눠 보세요.

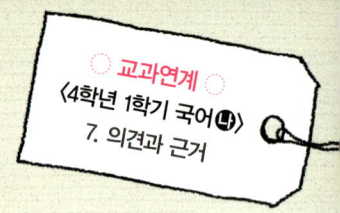

【자신의 경험을 글로 써 봐요】

3. 우람이는 동아리의 효율적으로 운영한다는 명분으로 주요 안건을 혼자 결정했습니다. 이에 대해 어떻게 생각하나요? 한 단체나 모임을 운영할 때 어떤 원칙을 따라야 하는지 생각을 써 보세요.

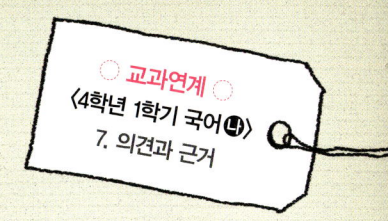

4. 앞으로 생겼으면 하는 법이나 반대로 폐지되어야 한다고 생각하는 법이 있다면 써 보세요. 어떤 내용의 법이고, 이유는 무엇인지 써 보세요.

III. 인물 탐구 – 제러미 벤담

동화를 읽고 '제러미 벤담은 어떤 사람일까' 하는 궁금증이 생겼나요? 이제 부록에 소개된 벤담의 삶과 사상을 복습해 볼 거예요. 부록을 꼼꼼히 읽고 문제를 풀어 보세요.

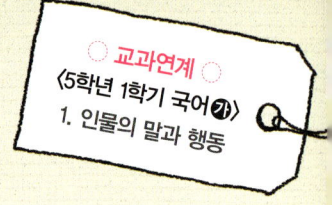

1. 벤담은 변호사 일을 하며 영국 법의 어떤 점에 실망했나요?

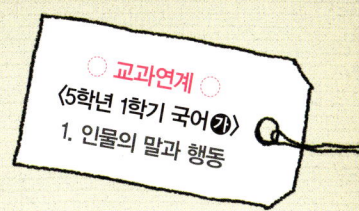

2. 벤담의 공리주의 윤리는 개인의 실천에 대해 어떤 원칙을 내세우나요?

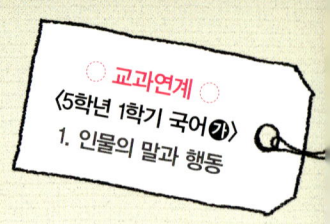

3. 벤담은 동물과 여성에 대해 어떤 입장을 가지고 있었나요?

4. 벤담은 어떤 이유로 감옥과 같은 교화 시설이 있어야 한다고 주장했나요?

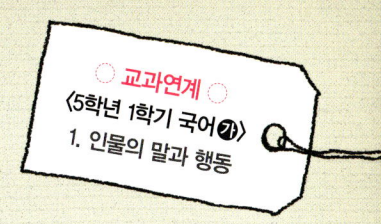

5. 벤담의 행복관은 무엇이고 여기서 배울 점은 무엇인지 생각해 보세요.

학부모 및 교사용 도움말

I. 사회의 기초 알아보기 동화 내용의 이해

1. 헌법은 법 중의 법으로 모든 법의 판결 기준이 되는 으뜸 법이다. 헌법은 국민이 인간답게 살 권리를 보장해 준다. 즉 저마다 하고 싶은 일을 하는 자유를 최우선으로 보장한다. 좀 더 구체적으로 말하면 인간으로서의 존엄과 가치, 행복 추구권을 보장한다. 이는 모든 사람에게 똑같이 적용되는 원칙으로서 지위, 신분, 성별, 종교, 재산 등에 상관없이 평등하게 적용된다.

2. 《마그나 카르타》는 왕이 백성을 다스리던 시절에 백성이 왕의 권력을 제한하려고 만든 규칙이다. 통치자의 권력이 점점 커짐으로써 국민을 억압하고 자유를 구속함에 따라 왕의 권력을 제한하여 국민의 자유와 권리를 지키기 위해 만든 것이다. 벤담 아저씨는 우람이가 동아리를 만들었지만 회장이라는 이유로 자기중심적으로 동아리를 운영하면 친구들이 구속을 느낄 수 있다는 점을 깨우쳐 주기 위해 이 책을 권하였다.

3. 자유 게시판은 말 그대로 개개인의 생각을 자유롭게 표현할 수 있도록 만든 공간이다. 그렇기 때문에 기본 원칙은 모든 글을 존중하고 그대로 두는 것이다. 만약 마음에 안 드는 내용이 있다고 삭제한다면 누구도 자유롭게 의사 표현을 할 수 없을 것이다.

4. 벤담 아저씨가 아이들과 간 동물 카페는 라쿤 카페였다. 라쿤은 야생동물로서 혼자 지내는 습성이 있고 개와는 천적 관계이다. 그러나 주인은 라쿤의 이러한 습성을 고려하지 않고 여러 마리를 한 우리에 가둔 것도 모자라 사냥개와 함께 두었다. 벤담 아저씨는 이 점을 항의한다. 그러나 주인은 벤담 아저씨의 지적에도 자신은 야생동물 관리 규정을 지켰다면서 전혀 반성하지 않는다. 동물의 행복은 생각하지 않고 생각 없이 법을 따른 주인의 태도에 분노한다.

5. 많은 사람들이 가습기 피해를 입었음에도 불구하고 가습기 회사는 제대로 된 사과도 안 하고 피해 보상이나 치료도 해 주지 않기 때문이다. 게다가 처벌도 크게 받지 않았다. 법은 누구에게나 똑같이 공정하게 적용되어야 함에도 불구하고 판사들이 공정한 판결을 하지 않고 기업 또한 무성의하게 대한 것에 대해 시민들에게 알려 관심과 동참을 이끌기 위해서이다.

6. 자연 생태계를 보호하는 것은 인간을 지키는 것이기도 하기 때문이다. 인간도 자연의 일부이므로 자연이 훼손되고 생태계가 파괴되면 인간 역시 무사할 수 없다. 당장은 큰 피해를 입지

않는다고 해도 결국 후손이 피해를 입을 것이기 때문에 자연 보호에 관한 의무를 헌법으로 규정하는 것이다. 헌법은 지금 세대뿐만 아니라 미래 세대까지 인간답게 살 권리를 보장한다.

7. 법이 존재하는 이유는 국민이 인간다운 삶을 누리고 행복해지기 위해서이다. 따라서 이 원칙에 입각하여 법을 바꿀 수 있다. 동성동본 금지법처럼 이 원칙에 어긋나면 폐지할 수 있고, 체벌금지법처럼 이 원칙을 지키는 법이라면 새로 만들 수 있다. 즉 국민의 행복을 위해 법도 변할 수 있는 것이다.

8. 헌법은 내 삶과 동떨어진 세계에 있는 추상적인 규칙이 아니라 내가 숨 쉬고 살아가는 모든 활동에 적용되어 나의 자유와 권리를 보장하고 든든히 지켜주는 것이다. 헌법이 없다면 우리는 여전히 다양한 문제에 구속되어 하고 싶은 것을 마음대로 하지 못하고 여기저기서 해를 입고 억압을 당할 것이다. 그러나 이제 헌법은 우리 이상에 뿌리 깊게 자리하기 때문에 우리가 모두의 자유를 함께 추구하며 살아갈 수 있게 되었다.

II. 사회성 다지기 이해와 비판

[토론하기]

1. 헌법은 사상의 자유를 보장하기 때문에 각 개인이 어떤 생각을 하고 어떤 신념을 가지고 있든 일단 인정하고 존중한다. 이 같은 헌법의 기본 원칙에 입각하여 이 문제에 접근한다면 히틀러와 같이 공동체를 파괴하고 타인의 생명을 위협하는 자를 추종하고 그 가치를 따르는 것도 개인의 신념이기 때문에 인정되어야 마땅하다. 그러나 이것이 개인적 생각에 그치는 것이 아니라 어떤 단체를 만들어 활동하거나 행동으로 옮긴다면 타인의 인권과 자유를 침해할 수 있다. 헌법은 나의 자유만 보장하는 것이 아니라 타인의 자유 또한 동등하게 보장하므로 만약 나의 자유가 타인에게 해를 끼치고 공동체를 위협한다면 그 자유를 제한하는 것이 그로 인한 피해를 줄일 수 있다. 개인의 자유를 어느 선까지 보장해야 하는지 토론해 본다.

2. 크게 용서해 주어야 한다는 입장과 처벌해야 한다는 입장으로 나눌 수 있을 것이다. 용서해 주어야 한다는 입장에서는 과거의 일인 데다 이미 나이를 많이 먹은 노인이 되었기 때문에 이제 와서 죄를 묻는 것이 별 의미가 없고, 이 사람도 당시에는 상부에서 시키는 일을 했고 오히려 법을 지킨 것이므로 죄가 될 수 없다는 주장이 있을 수 있다. 반면, 죄를 물어야 한다는 입장

은 역사의 교훈으로 남기기 위해 죄에 대해서는 끝까지 책임을 물어야 한다는 것과 타인이 희생된다는 걸 알면서도 상부의 명령을 따른 것은 그 자체로 잘못이라는 주장이 있을 수 있다.

[논술하기]

3. 어떤 모임이나 단체를 운영하는 방식은 여러 가지가 있을 수 있다. 그중 대표적으로 대립되는 두 가지 방식이 권위주의적인 방식과 민주적인 방식이다. 우람이는 이 중 권위주의적인 방식으로 동아리를 운영하였다. 이는 대표자 중심으로 한 의사결정이다. 이 방식은 일처리를 빠르게 할 수 있다는 장점이 있지만 모임 구성원들의 자발적 참여를 막아 불만을 키울 수 있다. 불만이 커지면 단체가 해체될 수 있다. 아니면 수동적으로 명령만 받아 행동하는 복종의 마음을 키울 수 있다. 그러면 모임은 발전할 수 없다. 반면 민주적인 방식은 거의 모든 안건에 대해 대화하고 토론하여 의견을 하나로 모아 합의에 의해 의사결정을 한다. 이 방식은 구성원의 자발적 참여를 이끌고 자기 선택에 대해 책임을 지게 함으로써 자율적 운영을 가능하게 한다. 이로써 모임이 더 발전할 수 있다. 하지만 의사 결정이 늦고 대립되는 의견이 있으면 갈등이 일어날 수도 있다. 이 갈등을 어떻게 해결하는지에 따라 단체가 더 성장할 수도 있지만 반대로 해체될 수도 있다. 효율적인 운영과 자발적 참여 중에서 어느 쪽이 더 가치 있는지 판단해 본다.

4. 한번 정해진 법은 영원한 것이 아니라 시대 상황과 사회문화, 사람들의 생각의 변화에 따라 달라진다. 예전에는 인종이 다르면 결혼해서는 안 된다고 생각하여 다른 인종끼리 결혼하는 것을 금지하는 법이 있었다. 그러나 자유와 평등, 인권에 대한 생각이 싹트면서 이런 법이 부당하고 차별적임을 깨닫고 철폐하였다. 한편 우리나라의 경우 학교에서 학생들을 체벌하는 일이 예전에는 많았다. 그러나 학생도 인간이고 기본적인 인권이 존중받아야 한다는 주장이 설득력을 얻으면서 체벌금지법, 청소년보호법 같은 법이 생겼다. 인간뿐만 아니라 동물, 자연을 위하여 앞으로 어떤 법이 필요할지 폭넓게 생각해 본다.

Ⅲ. 인물 탐구 – 제러미 벤담

1. 영국은 정해진 법 규정이나 규칙이 없이 판례를 중심으로 재판하는 불문법 전통을 가지고 있다. 그러다 보니 재판관마다 판례를 적용하는 기준이 다르고 죄의 경중이 분명 차이 나는데도 이를 고려하지 않고 판결하는 일이 잦았다. 이에 부조리를 느낀 벤담은 억울한 사람이 생기지 않도록 제대로 처벌할 수 있는 법이 필요하다고 주장했다. 이후 더 많은 사람의 행복을 보장하는 법의 제정을 위해 노력했다.

2. 윤리란 올바른 행동에 관한 규범을 말한다. 공리주의 윤리는 개인이 실천해야 하는 옳은 행동이란 저만 생각하는 것이 아니라 다른 사람에게 미치는 영향까지도 생각하여 행동해야 한다는 원칙을 가지고 있다. 내가 한 행동이 다른 사람에게도 행복일 때 그 행동은 옳은 행동이 되고, 그 반대인 경우는 그른 행동이 된다. 공리주의 윤리는 더 많은 사람에게 이익이 되고 쾌락(즐거움)과 행복을 제공하는 행동이 선하고 올바른 행동이라고 주장한다.

3. 당시 영국은 다른 나라들과 마찬가지로 동물을 인간보다 못한 존재로 여겨 수단화하고 여성을 남성보다 열등하다고 생각하여 차별하였다. 이에 대해 벤담은 동물도 인간과 마찬가지로 감정과 생각을 가진 존재이므로 보호 받아야 하며, 여성도 남성과 같은 인권을 가지고 있기 때문에 투표를 통해 정치에 참여할 수 있어야 한다고 주장하였다.

4. 벤담은 죄지은 사람을 처벌하는 것도 중요하지만 더욱 중요한 건 그 사람이 다시는 죄를 짓지 않게 하는 거라고 생각했다. 그러려면 그런 사람들을 모아 놓고 가르칠 수 있는 장소가 필요하다. 이에 벤담은 죄를 지은 사람을 처벌만 할 것이 아니라 감옥 같은 곳에 일정 기간 가두어 교화시켜 내보내야 한다고 주장하였다.

5. 벤담은 나만의 행복이 아니라 최대한 많은 사람의 행복을 추구하였다. 이를 한 마디로 요약하면 '최대 다수의 최대 행복'이라고 할 수 있다. 한 사람보다 두 사람의 행복이, 두 사람보다 열 사람의 행복이, 나아가 공동체 전체의 행복이 더 가치 있다고 여긴 것이다. 이를 기준으로 개인의 행동을 결정하고 사회의 법과 제도를 만드는 것이다. 벤담의 행복관은 나의 행복만을 추구하는 이기적인 태도에서 벗어나 다른 사람의 행복까지도 함께 이루었을 때 더 큰 행복과 안정이 있음을 일깨워 준다.

사회의 기초를 세워 주는 처음 사회동화 ❼
제러미 벤담 아저씨네 야생동물 구조센터

1판 1쇄 발행 | 2020. 3. 23.
1판 2쇄 발행 | 2020. 7. 24.

전현정 글 | 홍성지 그림 | 서정욱 도움글

발행처 김영사 | **발행인** 고세규
편집 김인애 | **디자인** 김민혜 | **마케팅** 이철주 | **홍보** 박은경
등록번호 제 406-2003-036호
등록일자 1979. 5. 17.
주   소 경기도 파주시 문발로 197(우10881)
전   화 마케팅부 031-955-3100 편집부 031-955-3113~20
팩   스 031-955-3111

ⓒ 2020 전현정, 홍성지
이 책의 저작권은 저자에게 있습니다. 저자와 출판사의 허락 없이 내용의 일부를 인용하거나
발췌하는 것을 금합니다.

값은 표지에 있습니다.
ISBN 978-89-349-9384-1 74800
ISBN 978-89-349-7958-6(세트)

좋은 독자가 좋은 책을 만듭니다. 김영사는 독자 여러분의 의견에 항상 귀 기울이고 있습니다.
전자우편 book@gimmyoung.com | 홈페이지 www.gimmyoungjr.com

이 도서의 국립중앙도서관 출판시도서목록(CIP)은 서지정보유통지원시스템 홈페이지(http://seoji.nl.go.kr)와
국가자료공동목록시스템(http://www.nl.go.kr/kolisnet)에서 이용하실 수 있습니다.
(CIP제어번호 : CIP2020010632)

어린이제품 안전특별법에 의한 표시사항

제품명 도서 제조년월일 2020년 7월 24일 제조사명 김영사 주소 10881 경기도 파주시 문발로 197
전화번호 031-955-3100 제조국명 대한민국 ⚠주의 책 모서리에 찍히거나 책장에 베이지 않게 조심하세요.